Impressum
Verlag: BABADADA GmbH, Nedderfeld 112 , 22529 Hamburg
Geschäftsführer / Verlagsleitung: Harald Hof
Druck: Books on Demand GmbH, In de Tarpen 42, 22848 Norderstedt

Imprint
Publisher: BABADADA GmbH, Nedderfeld 112 , 22529 Hamburg, Germany
Managing Director / Publishing direction: Harald Hof
Print: Books on Demand GmbH, In de Tarpen 42, 22848 Norderstedt

σχολείο

ليكول

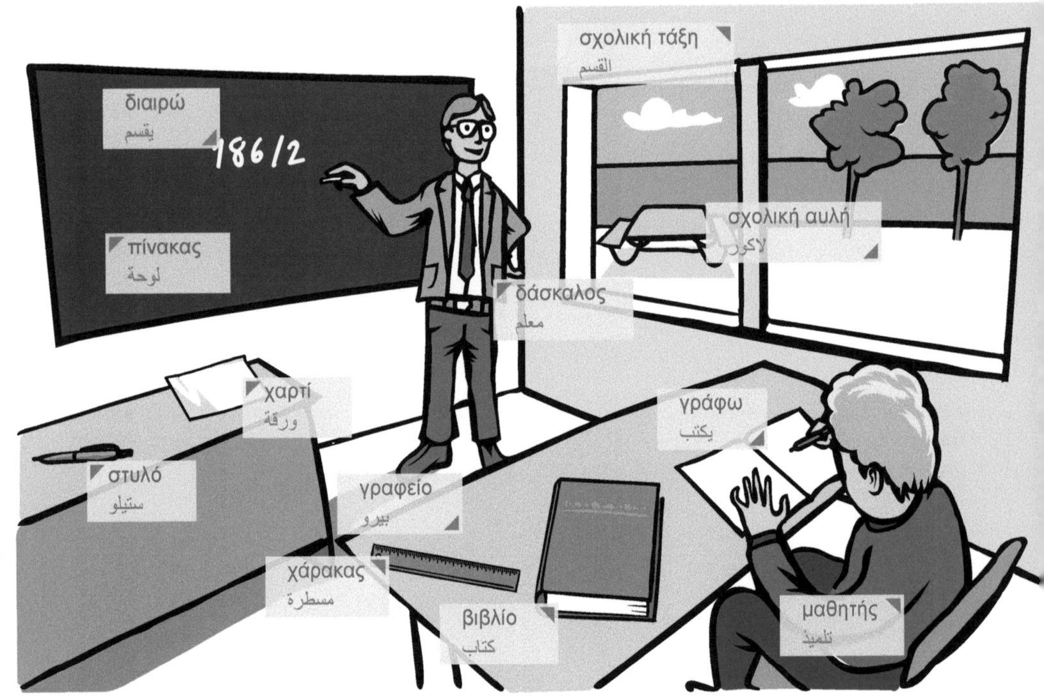

σχολική τάξη
القسم
διαιρώ
يقسم
186/2
πίνακας
لوحة
σχολική αυλή
لاكور
δάσκαλος
معلم
χαρτί
ورقة
γράφω
يكتب
στυλό
ستيلو
γραφείο
بيرو
χάρακας
مسطرة
βιβλίο
كتاب
μαθητής
تلميذ

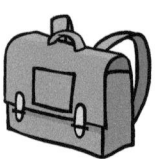

σχολική τσάντα

كرطاب

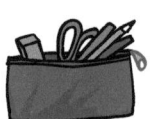

κασετίνα/ μολυβοθήκη

المقلمة

μολύβι

قلم الرصاص

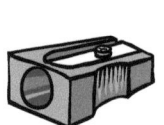

ξύστρα

منجارة

γόμα

ممحا

μπλοκ ζωγραφικής

الكايي تاع الرسم

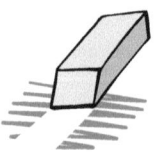

ζωγραφική

الرسم

πινέλο

البانسو

κουτί χρωμάτων

باتير

ψαλίδι

مقص

κόλλα

كولا

τετράδιο ασκήσεων

كايي تاع التمارين

εργασία για το σπίτι

الواجبات

αριθμός

النيميرو

προσθέτω

يجمع

αφαιρώ

يطرح

πολλαπλασιάζω

يضرب

υπολογίζω

يحسب

γράμμα

الحرف

αλφάβητο

الحروف

λέξη

كلمة

κείμενο

النص

διαβάζω

يقرا

κιμωλία

طباشير

μάθημα

الدرس

εγγράφομαι

دفتر المدرسي

τεστ

ليقزاما

πιστοποιητικό

سرتفيكا

μαθητική στολή

اللبة تاع ليكول

εκπαίδευση

التعليم

εγκυκλοπαίδεια

ليكسيك

πανεπιστήμιο

الجاميعة

μικροσκόπιο

المجهر

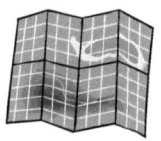

χάρτης

الخريطة

καλάθι αχρήστων

بوبال

ξενοδοχείο
اوتل

Grand

ξενώνας
بيت الشباب

ROOMS

αντταλλακτήρια συναλλάγματος
بيرة تاع الصرف

EXCHANGE

βαλίτσα
فاليزة

αυτοκίνητο
لولو

γλώσσα

اللغة ليقصدها

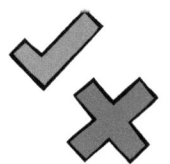

ναι / όχι

واه / لا

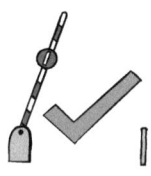

εντάξει

صحا

γεια σου

مرحبا

μεταφραστής

طرجمان

Ευχαριστώ

صحيت

πόσο κάνει ;

شعال السومة؟

Δε καταλαβαίνω

مفهمتش

πρόβλημα

مشكيلة

Καλησπέρα!

مسلخير

Καλημέρα!

صباح لخير

Καληνύχτα!

تصبح بخير

Αντίο

بسلامة

κατεύθυνση

ديركسيو

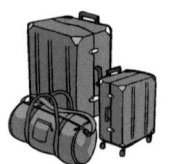

αποσκευές

الباقاج

τσάντα

ساك

σακίδιο πλάτης

ساكادو

καλεσμένος

ضيف

δωμάτιο

شمبرا

υπνόσακος

ساك تاع رقاد

σκηνή

خيمة

τουριστικές πληροφορίες

استعلامات سياحية

παραλία

بحر

πιστωτική κάρτα

كارطة ناع الكريدي

πρωινό

فطور الصباح

μεσημεριανό

الفطور

δείπνο

العشا

εισιτήριο

الليبي

ανελκυστήρας

اسونسير

γραμματόσημο

تامبر

σύνορα

الحدود

τελωνείο

الديوانة

πρεσβεία

سقارة

βίζα

فيزا

διαβατήριο

باسبور

μεταφορά

نقل

αεροπλάνο
طيارة
πλοίο
بابور
πυροσβεστικό όχημα
لبونبيا
λεωφορείο
بيس
φορτηγό
كاميونة
ηχανοκίνητο σκάφος
ποδήλατο
بيسكلات
αυτοκίνητο
لولو

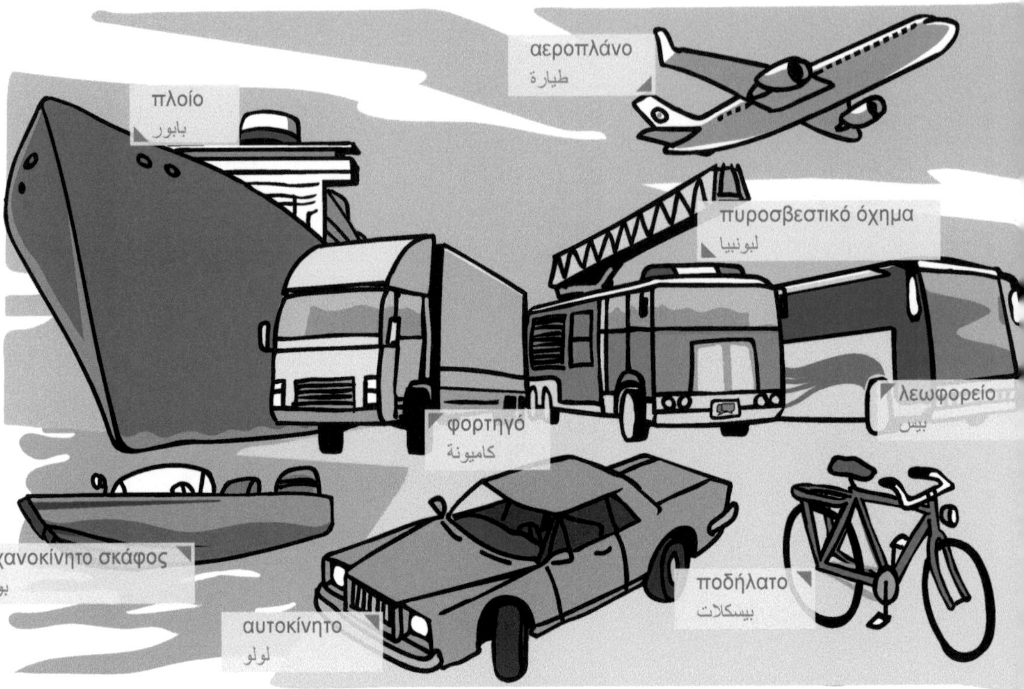

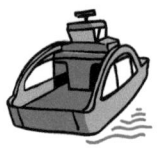

φεριμπότ

بابو

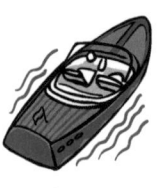

βάρκα

بوطي

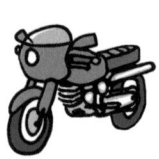

μοτοσικλέτα

موطو

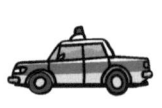

περιπολικό

لوطو تاع لابوليس

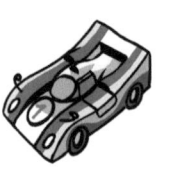

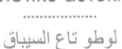

αγωνιστικό αυτοκίνητο

لوطو تاع السيباق

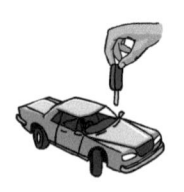

ενοικιαζόμενο αυτοκίνητο

لوطو تاع كرية

διαμοιρασμός αυτοκινήτων

لواطا تاع كرية

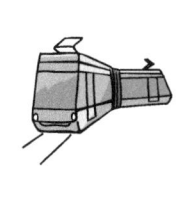

γερανός

رومورك

απορριμματοφόρο

كاميو تاع الزبل

κινητήρας

موتور

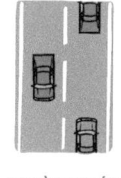

καύσιμο

ليسونس

βενζινάδικο

ستاسيون

πινακίδα σήμανσης

بانو

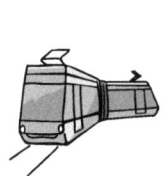

κυκλοφορία

ترافيك

κυκλοφοριακή συμφόρηση

سركالة

χώρος στάθμευσης

باركينغ

σιδηροδρομικός σταθμός

لاقار

σιδηροδρομικές γραμμές

السبيكة

τρένο

قطار

τραμ

ترام

βαγόνι

فاغون

ελικόπτερο

اليكبتار

αεροδρόμιο

مطار

πύργος

تور

επιβάτης

مسافر

εμπορευματοκιβώτιο

كونتنار

χαρτοκιβώτιο

كرطونة

καρότσι

شاريو

καλάθι

سلة

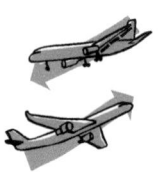

απογειώνομαι /
προσγειόνομαι

يقلع / يهود

πόλη

مان

χωριό

قرية

κέντρο της πόλης

البلاد

σπίτι

دار

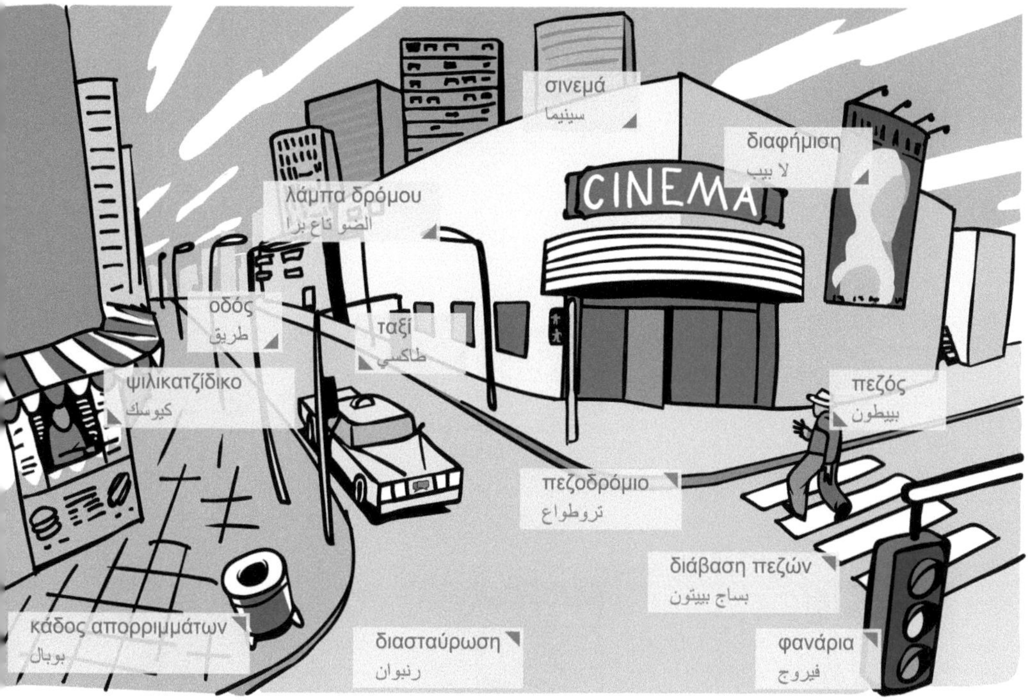

σινεμά
سينيما
διαφήμιση
لا بيب
CINEMA
λάμπα δρόμου
الضو تاع برا
οδός
طريق
ταξί
طاكسي
ψιλικατζίδικο
كيوسك
πεζός
بييطون
πεζοδρόμιο
تروطواع
διάβαση πεζών
بساج بييتون
κάδος απορριμμάτων
بوبال
διασταύρωση
رنبوان
φανάρια
فيروج

καλύβα

كوخ

διαμέρισμα

برطمان

σιδηροδρομικός σταθμός

لاقار

δημαρχείο

لاميري

MUSEUM

μουσείο

متحف

σχολείο

ليكول

πανεπιστήμιο

الجامعة

τράπεζα

بانكة

νοσοκομείο

سبيطار

ξενοδοχείο

اوتال

φαρμακείο

فارماسي

γραφείο

بيرو

βιβλιοπωλείο

مكتبة

κατάστημα

حانوت

ανθοπωλείο

فلوريست

σούπερ μάρκετ

سوبرات

αγορά

مرشي

πολυκατάστημα

حانوت كبير

ιχθυοπωλείο

مسمكة

εμπορικό κέντρο

سونتر كومرسيال

λιμάνι

المينا

πάρκο

بارك

παγκάκι

بنك

γέφυρα

جسر

σκάλες

درج

μετρό

ميترو

τούνελ

تونال

στάση λεωφορείου

لاري تاع البيس

μπαρ

بار

εστιατόριο

مطعم

γραμματοκιβώτιο

صندوق البريد

πινακίδα δρόμου

البيانوات

παρκόμετρο

مقياس زمن الوقوف

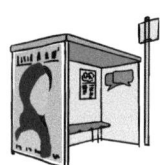

ζωολογικός κήπος

حديقة حيوانات

πισίνα

بيسين

τζαμί

جامع

αγρόκτημα

فيرما

ρύπανση

التلوث

νεκροταφείο

مقبرة

εκκλησία

كليسية

παιδική χαρά

بارك

ναός

معبد

ΤΟΠΙΟ

الريف

φύλλο
ورقة

πινακίδα κατεύθυνσης
بانو

δρόμος
طريق

λιβάδι
مرج

πέτρα
حجرة

δέντρο
شجرة

πεζοπόρος
رحالة

ποτάμι
نهر

χορτάρι
حشيش

λουλούδι
زهرة

κοιλάδα

واد

λόφος

جبل

λίμνη

بحيرة

δάσος

غابة

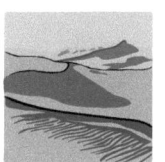

έρημος

صحراء

ηφαίστειο

بركان

κάστρο

شاتو

ουράνιο τόξο

قوس قزح

μανιτάρι

فطر

φοίνικας

نخلة

κουνούπι

ناموسة

μύγα

ذبابة

μυρμήγκι

نملة

μέλισσα

نحلة

αράχνη

رتيلة

σκαθάρι

خنفوس

βάτραχος

جرانة

σκίουρος

سنجاب

σκαντζόχοιρος

قنفود

λαγός

قنينة

κουκουβάγια

بومة

πουλί

زاوش

κύκνος

بجعة

αγριογούρουνο

حلوف

ελάφι

عزالة

άλκη

إلكة

φράγμα

سد

ανεμογεννήτρια

الطاحونة

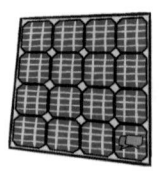

ηλιακός συλλέκτης

خلية شمسية

κλίμα

كليما

εστιατόριο

مطعم

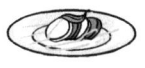

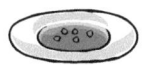

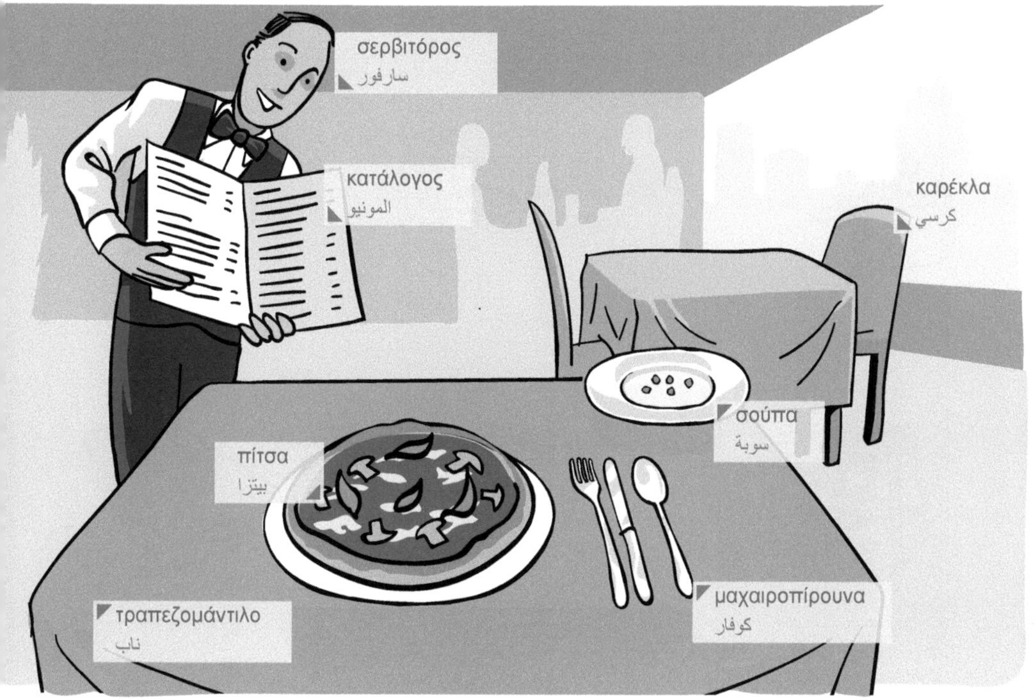

σερβιτόρος
سارفور
κατάλογος
المونيو
καρέκλα
كرسي
σούπα
سوبة
πίτσα
بيتزا
τραπεζομάντιλο
ناب
μαχαιροπίρουνα
كوفار

ορεκτικό
....
اوردوفر

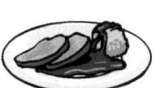

κύριο πιάτο
....
الطبق الرئيسي

επιδόρπιο
....
ديسار

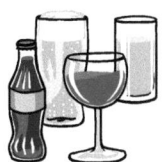

ποτά
....
مشروبات

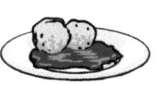

φαγητό
....
ماكلة

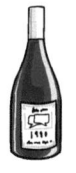

μπουκάλι
....
القرعة

φαστ φουντ

فاست فود

φαγητό στ' όρθιο

ماكلة نديه معايا

τσαγιέρα

براد اتاي

δοχείο ζάχαρης

سكرية

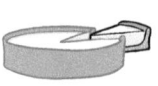

μερίδα

طرف

μηχανή εσπρέσο

ماشينة تاع اكسبريسو

ψηλή καρέκλα

كرسي عالي

λογαριασμός

فاتورة

δίσκος

سني

μαχαίρι

خدمي

πιρούνι

فرشيطة

κουτάλι

مغيرفة

κουταλάκι του τσαγιού

مغيرفة تاع لاتاي

πετσέτα φαγητού

سربيتة تاع الطابلة

ποτήρι

كاس

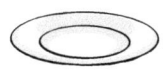

πιάτο

طبسي

πιάτο σούπας

بول

πιατάκι φλιτζανιού

طبسي تاع الفنجال

σάλτσα

لاصوص

αλατιέρα

القوطي تاع الملح

μύλος για πιπέρι

طحان تاع الحرور

ξύδι

خل

λάδι

زيت

μπαχαρικά

ليزيبيس

κέτσαπ

كتشوب

μουστάρδα

موطارد

μαγιονέζα

مايونيز

σούπερ μάρκετ

سوبرات

προσφορά
بروموسيو
FOR
πελάτης
كلويون
γαλακτοκομικά προϊόντα
مشتقات الحليب
φρούτα
فاكِهة
καρότσι για ψώνια
شاريو

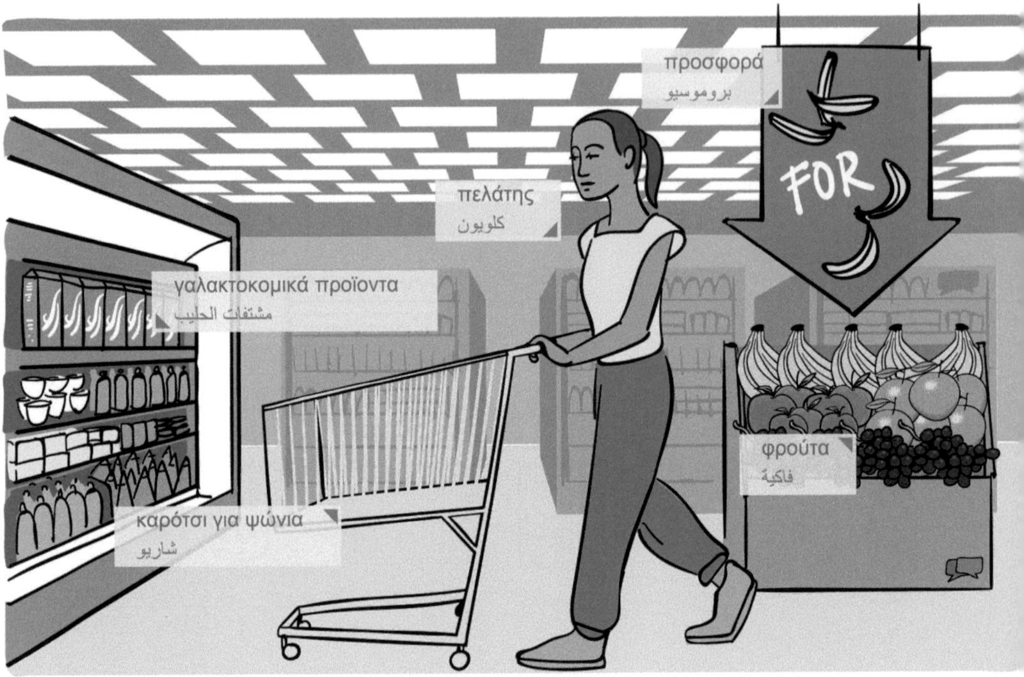

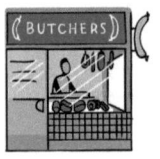

BUTCHERS

κρεοπωλείο

بوشي

BAKERY

φούρνος

بولونجي

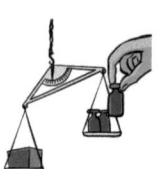

ζυγίζω

يوزن

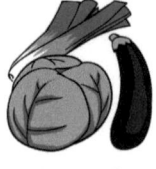

λαχανικά

خضار

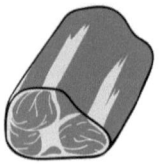

κρέας

لحم

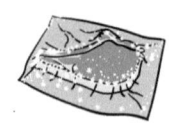

κατεψυγμένα τρόφιμα

سيرجولي

αλλαντικά

كاشير

κονσερβοποιημένη τροφή

كونسارف

απορρυπαντικό ρούχων

الاومو تاع لغسيل

γλυκά

الحلويات

οικιακά είδη

صوالح الدار

καθαριστικά προϊόντα

ديتارجو

πωλήτρια

فوندوز / خدامة فالحانوت

ταμείο

لاكاس

ταμίας

كاسسي

λίστα για ψώνια

ليستا تاع الشري

ωράριο λειτουργίας

سوايع الخدمة

πορτοφόλι

تزداتم

πιστωτική κάρτα

كارطة ناع الكريدي

τσάντα

ساك

πλαστική σακούλα

بورسة

νερό

الما

χυμός

جو

γάλα

حليب

κόκα κόλα

كوكا

κρασί

الشراب

μπίρα

البيرة

αλκοόλ

شراب

κακάο

كاكاو

τσάι

لاتاي

καφές

قهوة

εσπρέσο

اكسبريسو

καπουτσίνο

كابوتشينو

μπανάνα

بانانة

μήλο

تفاح

πορτοκάλι

تشينا

πεπόνι

بطيخ

λεμόνι

ليم

καρότο

كروطة / زرودية

σκόρδο

ثوم

μπαμπού

بانبو

κρεμμύδι

بصل

μανιτάρι

شانبينيو

ξηροί καρποί

بندق

νουντλς

ليبات

μακαρόνια

سباغيتي

ρύζι

روز

σαλάτα

سلاطة

πατατάκια

ليفريت

τηγανητές πατάτες

ليفريت

πίτσα

بيتزا

χάμπουργκερ

هانبورقر

σάντουιτς

سندويش

κοτολέτα

اسكالوب

ζαμπόν

لحم الحلوف

σαλάμι

سامي

λουκάνικο

مرقاز

κοτόπουλο

جاجة

ψητό

لحم مشوي

ψάρι

حوت

χυλός βρώμης

شوفان

μούσλι

موسلي

κορν φλέικς

كورن فلكس

αλεύρι

فرينة

κρουασάν

كرواسون

ψωμάκι

خبيزة

ψωμί

الخبز / كسرة

τοστ

خبز محمر

μπισκότα

بيسكوي

βούτυρο

زبدة

τυρόπηγμα

لبن

κέικ

قاطو

αυγό

بيض

τηγανητό αυγό

بيض مقلي

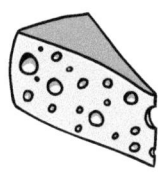

τυρί

فرماج

παγωτό

لاكرام

ζάχαρη

سكر

μέλι

عسل

μαρμελάδα

كونفتير

άλλειμμα σοκολάτας

نوقا

κάρυ

الكاري

αγρόκτημα
فيرما

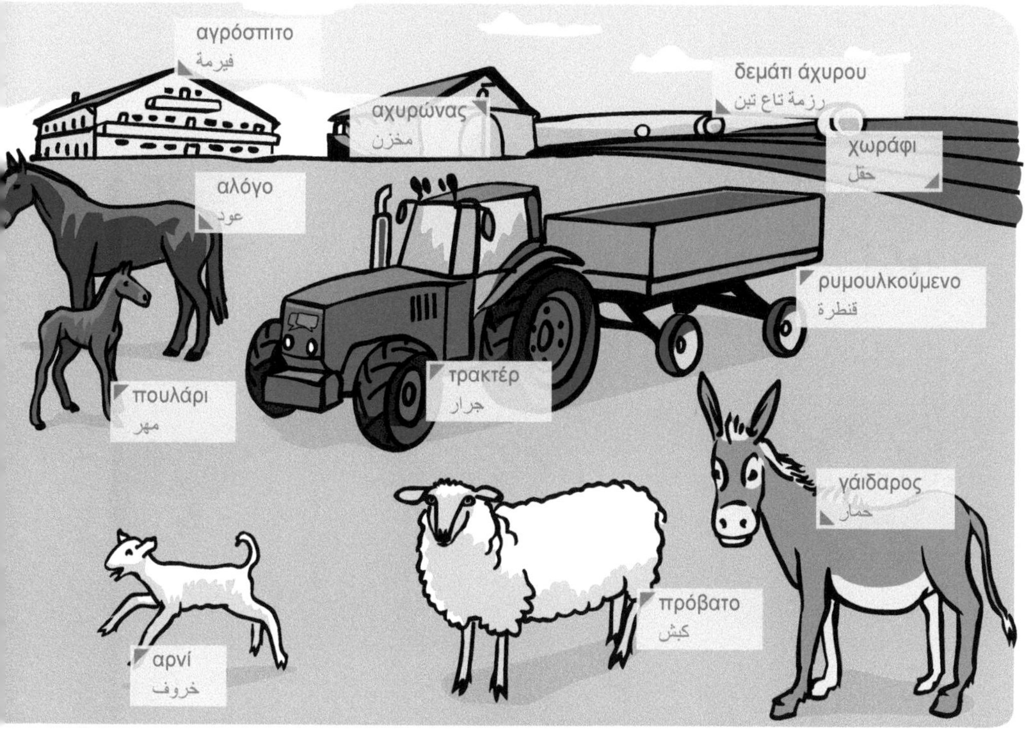

αγρόσπιτο
فيرمة
αχυρώνας
مخزن
δεμάτι άχυρου
رزمة تاع تبن
χωράφι
حقل
αλόγο
عود
ρυμουλκούμενο
قنطرة
τρακτέρ
جرار
πουλάρι
مهر
γάιδαρος
حمار
πρόβατο
كبش
αρνί
خروف

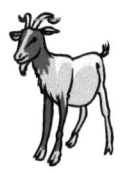

κατσίκα

معزة

αγελάδα

بقرة

μοσχαράκι

عجل

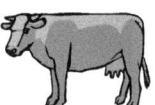

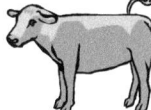

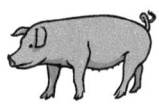

γουρούνι

حلوف

γουρουνάκι

حلوف صغير

ταύρος

طورو

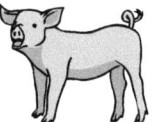

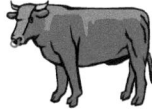

χήνα

وزة

πάπια

بطة

κοτοπουλάκι

فلوس

κότα

جاجة

κόκορας

سردوك

αρουραίος

طوبا

γάτα

قطة

ποντίκι

فأر

βόδι

ثور

σκύλος

كلب

σπιτάκι σκύλου

دار الكلب

λάστιχο κήπου

تيبيو

ποτιστήρι

إبريق

θεριστήρι

منجل

αλέτρι

محراث

δρεπάνι

منجل

τσάπα

الفاس

δίκρανο

مذراة الزبل

τσεκούρι

شاقور

χειράμαξα

بروبطة

ταΐστρα

معلف

δοχείο γάλακτος

قابة تاع حليب

σάκος

ساشيا

φράχτης

سياج

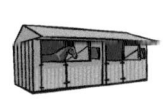

στάβλος

صطبل

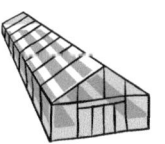

θερμοκήπιο

بوطاجي

έδαφος

تراب

σπόρος

بذور

λίπασμα

سماد

θεριζοαλωνιστική μηχανή

حصادة

θερίζω

يحصد

συγκομιδή

الغلة

γιαμς

بطاطا

σιτάρι

قمح

σόγια

صويا

πατάτα

بطاطا

καλαμπόκι

ماييس

κράμβη

سلجم

οπωροφόρο δέντρο

شجرة ذاع فاكية

μανιόκα

منيهوت

δημητριακά

الخبوب

αγρόκτημα - فيرما

σπίτι
دار

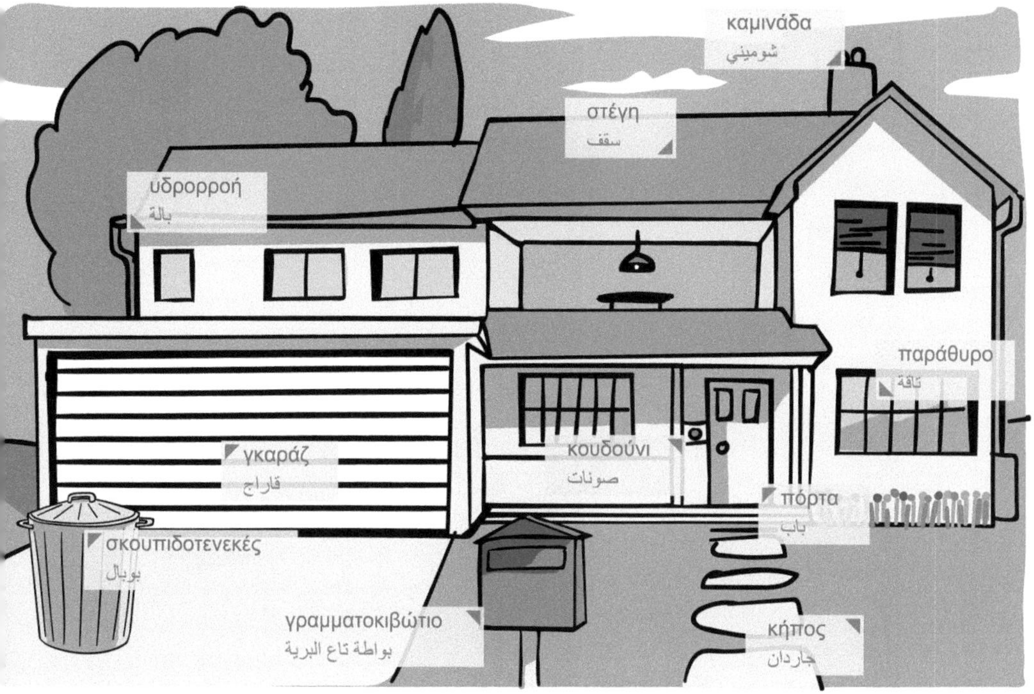
καμινάδα
شوميني
στέγη
سقف
υδρορροή
بالة
παράθυρο
تاقة
γκαράζ
قاراج
κουδούνι
صونات
πόρτα
باب
σκουπιδοτενεκές
بوبال
γραμματοκιβώτιο
بواطة تاع البرية
κήπος
جاردان

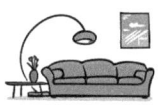

σαλόνι
صالون

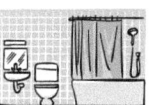

μπάνιο
الحمام

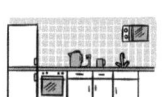

κουζίνα
كوزينا

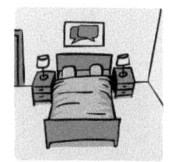

υπνοδωμάτιο
شامبرا تاع رقاد

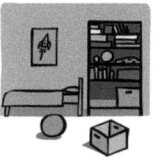

παιδικό δωμάτιο
شمبرا تاع ذراري

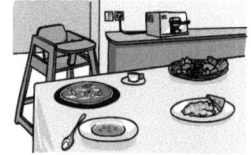

τραπεζαρία
صالة مونجي

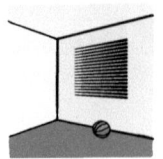

πάτωμα

لرض

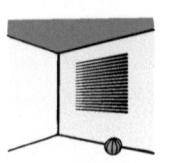

τοίχος

حيط

οροφή

بلافو

κελάρι

كافا

σάουνα

سونا

μπαλκόνι

بالكون

βεράντα

تيراسة

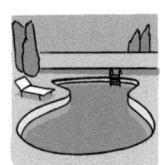

πισίνα

بيسين

μηχανή του γκαζόν

جزارة تاع حشيش

σεντόνι

ااووس

κάλυμμα κρεβατιού

كووات

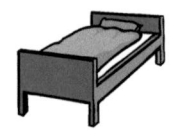

κρεβάτι

ناموسية

σκούπα

مصلحة

κουβάς

بيدو تاع صليح

διακόπτης

انتغبتور

σαλόνι
صالون

ταπετσαρία
ورق تاع حيطان
φωτογραφία
تصويرة
λάμπα
لامبا
ράφι
ايتجار
ντουλάπι
بلاكار
τηλεόραση
تيلفزيون
τζάκι
شوميني
λουλούδι
زهرة
μαξιλάρι
مخدة
καναπές
صافا
βάζο
فاز
τηλεκοντρόλ
تيليكومند

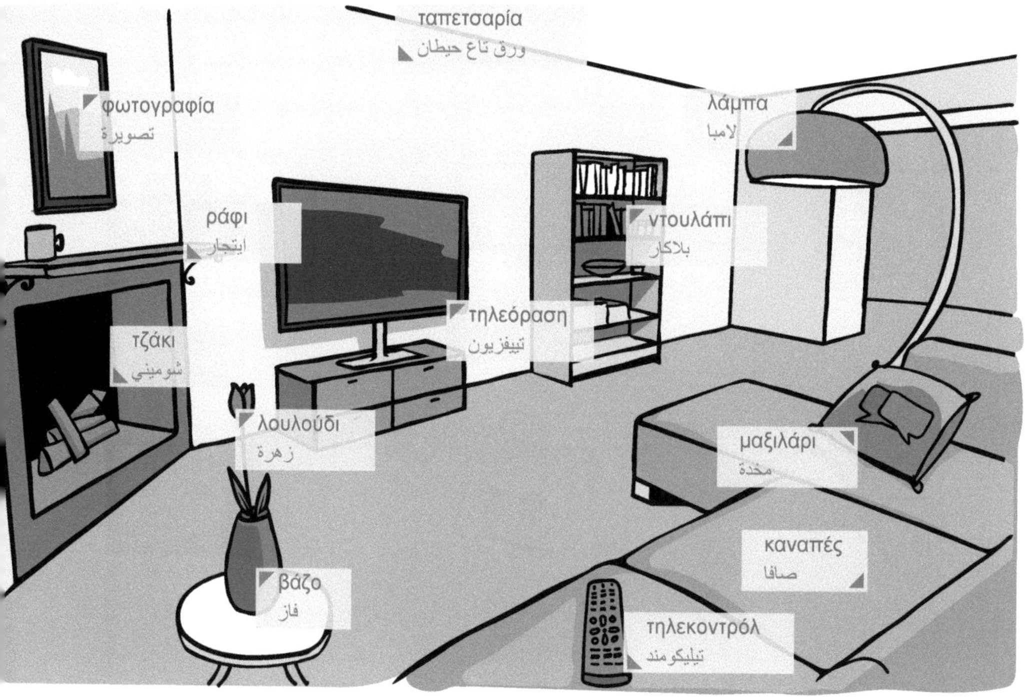

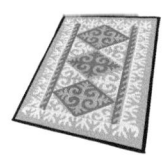

χαλί

طابي

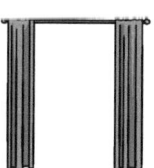

κουρτίνα

ريدو

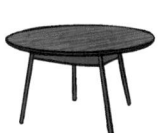

τραπέζι

طابلة

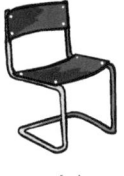

καρέκλα

كرسي

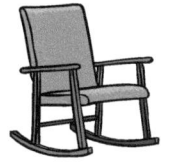

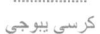

κουνιστή πολυθρόνα

كرسي يبوجي

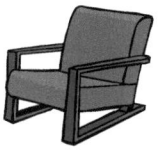

πολυθρόνα

فوتاي

βιβλίο

كتاب

κουβέρτα

طوفيرطة

διακόσμηση

زواق

καυσόξυλα

الحطب

ταινία

فيلم

στερεοφωνικό σύστημα

الستيريو

κλειδί

مفتاح

εφημερίδα

جرنان

πίνακας ζωγραφικής

كادر

αφίσα

بوستار

ραδιόφωνο

راديو

σημειωματάριο

كناش

ηλεκτρική σκούπα

اسبيراتور

κάκτος

صبار

κερί

شمعة

κουζίνα
كوزينا

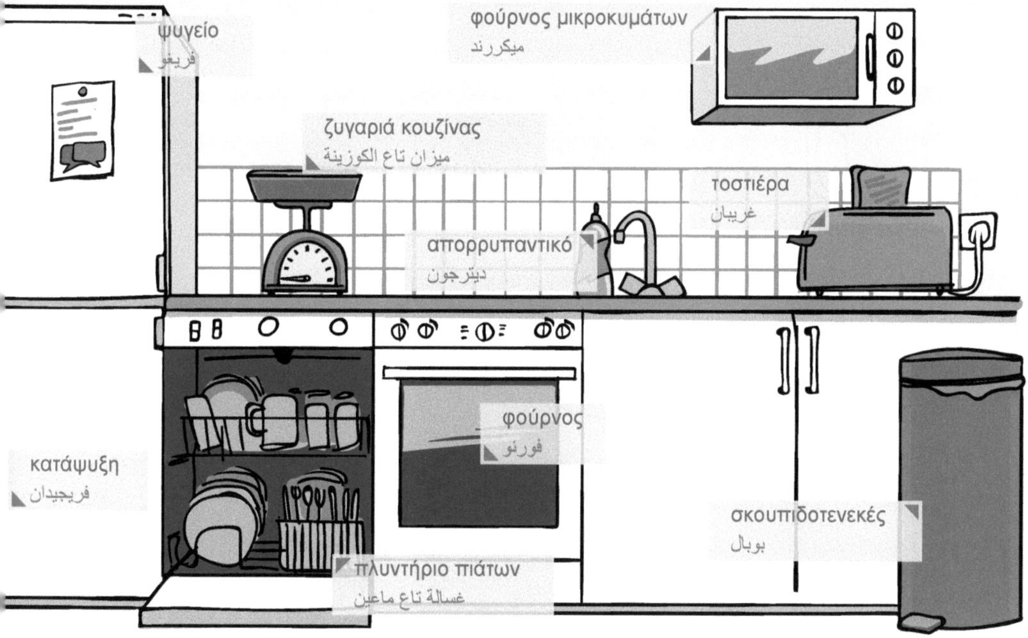

ψυγείο
فريغو
φούρνος μικροκυμάτων
ميكرروند
ζυγαριά κουζίνας
ميزان تاع الكوزينة
τοστιέρα
غرييان
απορρυπαντικό
ديترجون
φούρνος
فورنو
κατάψυξη
فريجيدان
σκουπιδοτενεκές
بوبال
πλυντήριο πιάτων
غسالة تاع ماعين

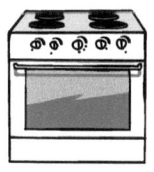

κουζίνα

الفور

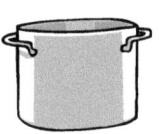

κατσαρόλα

قدرة

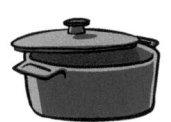

μαντεμένια κατσαρόλα

مرميطا

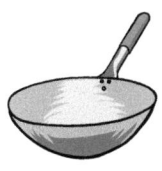

γουόκ/καντάι

طاوة غامقة

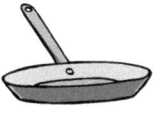

τηγάνι

مقلة

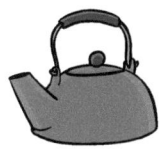

βραστήρας

غلاية

ατμομάγειρας

قدرة

ταψί

سني

πιατικά

ماعين

κούπα

قوبلي

μπολ

طبسي

ξυλάκια

مطارق تاع الماكلة

κουτάλα

لوشة

σπάτουλα

سباتولة

ανακατεύω

الضرابة

σουρωτήρι

كسكاس

σουρωτηράκι

صفاية

τρίφτης

راب

γουδί

مهراز

ψησταριά

شواية

ανοιχτή φωτιά

موقد

σανίδα κοπής

بلونشا

πλάστης

رولو

ανοιχτήρι φελλών

الحلال

κονσέρβα

قابسة

ανοιχτήρι κονσέρβας

الحلال

γάντι φούρνου

كتان

νεροχύτης

لافابو

βούρτσα

بروسة

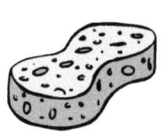

σφουγγάρι

بونجة

μπλέντερ

الخلاط

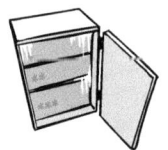

καταψύκτης

فريغو

μπιμπερό

بيبرونة

βρύση

سبالة

μπάνιο
الحمام

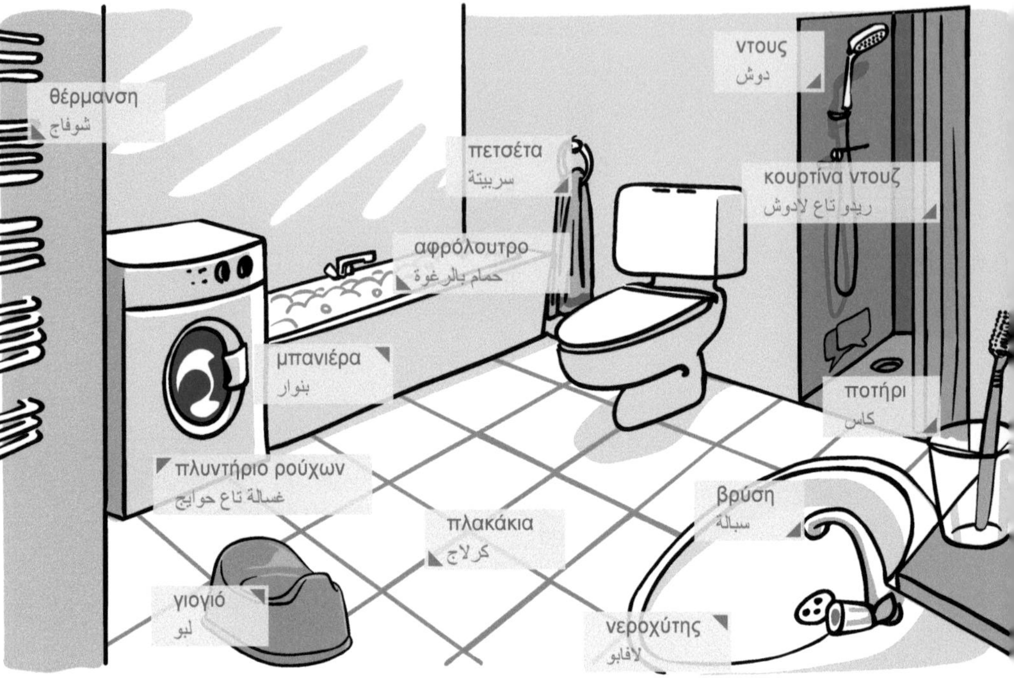
θέρμανση
شوفاج
πετσέτα
سربيتة
ντους
دوش
κουρτίνα ντουζ
ريدو تاع لادوش
αφρόλουτρο
حمام بالرغوة
μπανιέρα
بنوار
ποτήρι
كاس
πλυντήριο ρούχων
غسالة تاع حوايج
βρύση
سبالة
πλακάκια
كرلاج
γιογιό
لبو
νεροχύτης
لافابو

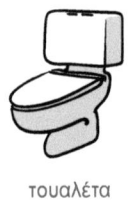

τουαλέτα

تواالات

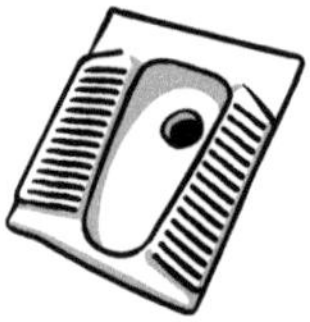

τούρκικη τουαλέτα

تواالات تركي

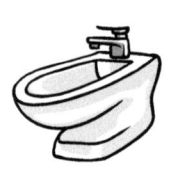

μπιντές

غسال الرجلين

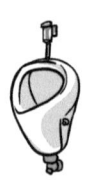

ουρητήριο

مبولة

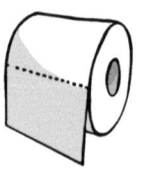

χαρτί υγείας

ورق تاع توالات

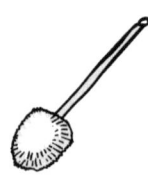

πιγκάλ

بروسة تاع توالات

οδοντόβουρτσα

بروسدون

οδοντόκρεμα

دونتفريس

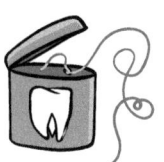

οδοντικό νήμα

خيط السنان

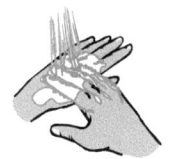

πλένω

يغسل

τηλέφωνο ντους

دوشات تاع دوش

ντουσιέρα

دوشات

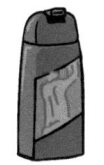

λεκάνη

لافابو

βούρτσα πλάτης

بروسا تاع الظهر

σαπούνι

صابون

αφρόλουτρο

جال دوش

σαμπουάν

شنبوان

φανέλα

الحبل

σιφόνι

قادوس

κρέμα

بومادة

αποσμητικό

ديودورون

καθρέφτης

مراية

καθρέφτης χειρός

مراة صغيرة

ξυραφάκι

رازوار

αφρός ξυρίσματος

لاموس

αφτερσέιβ

كولون

χτένα

مشطة

βούρτσα

بروسة

σεσουάρ

سشوار

λακ

مثبت الشعر

μακιγιάζ

مكياج

κραγιόν

روجالافر

βερνίκι νυχιών

فرني

βαμβάκι

قطن

ψαλίδι νυχιών

كوبنغل

άρωμα

ريحة

νεσεσέρ

تروسة تاع حمام

σκαμπό

طابوري

ζυγαριά

ميزان

μπουρνούζι

بينوار

ελαστικά γάντια

ليغونات تاع النيتواياج

ταμπόν

تمبون

πετσέτα υγιεινής

ليبوند

χημική τουαλέτα

توالات

παιδικό δωμάτιο

شمبرا تاع ذراري

ξυπνητήρι
ريفاي
λούτρινο ζωάκι
نونورس
αυτοκινητάκι
لوطو جوي
κουδουνίστρα
الخشخاش
κουκλόσπιτο
دار تاع بوبيات
δώρο
كادو

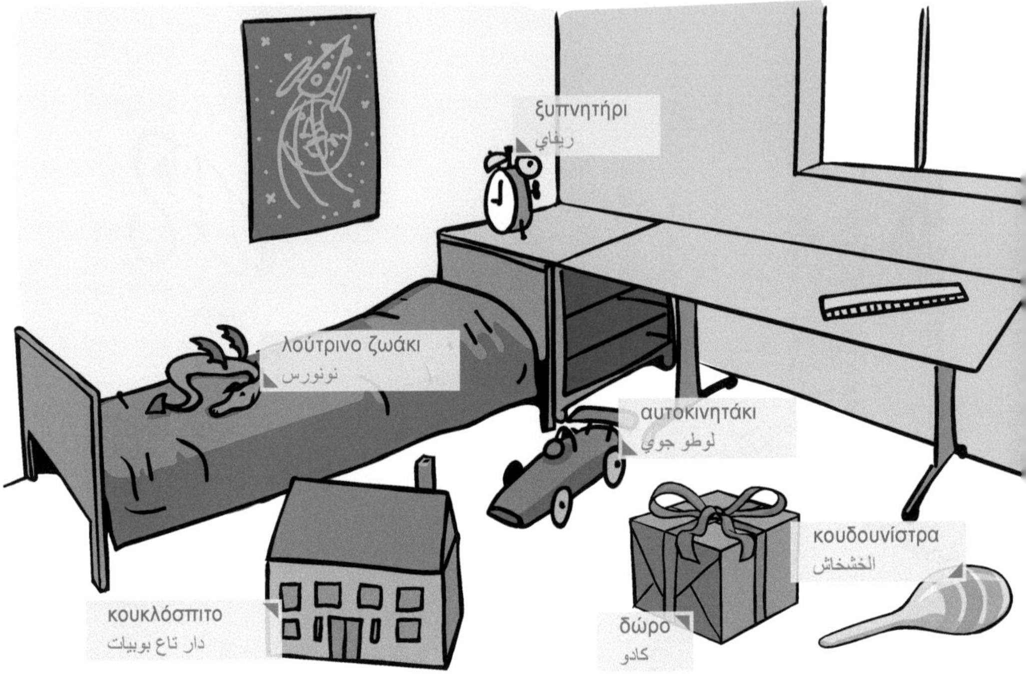

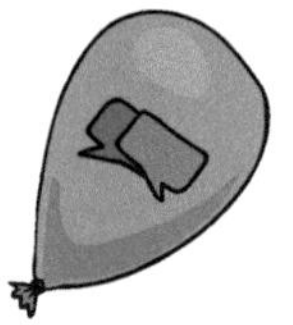

μπαλόνι

بالونة / نسافة

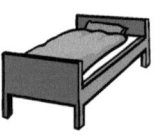

κρεβάτι

ناموسية

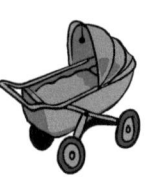

καροτσάκι

بوسات

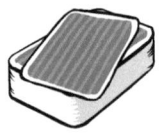

τράπουλα

الكارطة

παζλ

البوزيل

SUPER MEGA

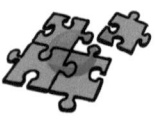

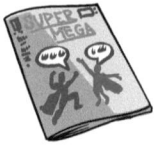

κόμικς

بوند ديسيني

τουβλάκια lego

الليغو

τουβλάκια κατασκευών

حجر يبنوه

φιγούρα δράσης

بوبية

βρεφικό φορμάκι

لبسة تاع البيبي

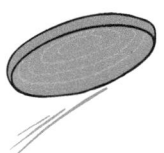

φρίσμπι

فريزي

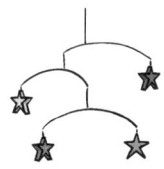

μόμπιλο

اللهاية

επιτραπέζιο παιχνίδι

لعبة الطابلة

ζάρια

الدي

σετ τρενάκι

التران

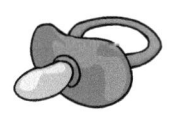

πιπίλα

سوسات

πάρτι

حفلة / الفيشطة

εικονογραφημένο βιβλίο

كتاب بتصاوير

μπάλα

بالون

κούκλα

بوبية

παίζω

يلعب

σκάμμα με άμμο

بارك بالرملة

κούνια

بنصوار

παιχνίδια

جوي

κονσόλα βιντεοπαιχνιδιών

منيطا

τρίκυκλο

بيسكلات

αρκουδάκι

دبدوب

ντουλάπα

ماريو

ρούχα

حوايج

κάλτσες

تقاشر

καλτσοδέτες

ليبا

καλσόν

كولو

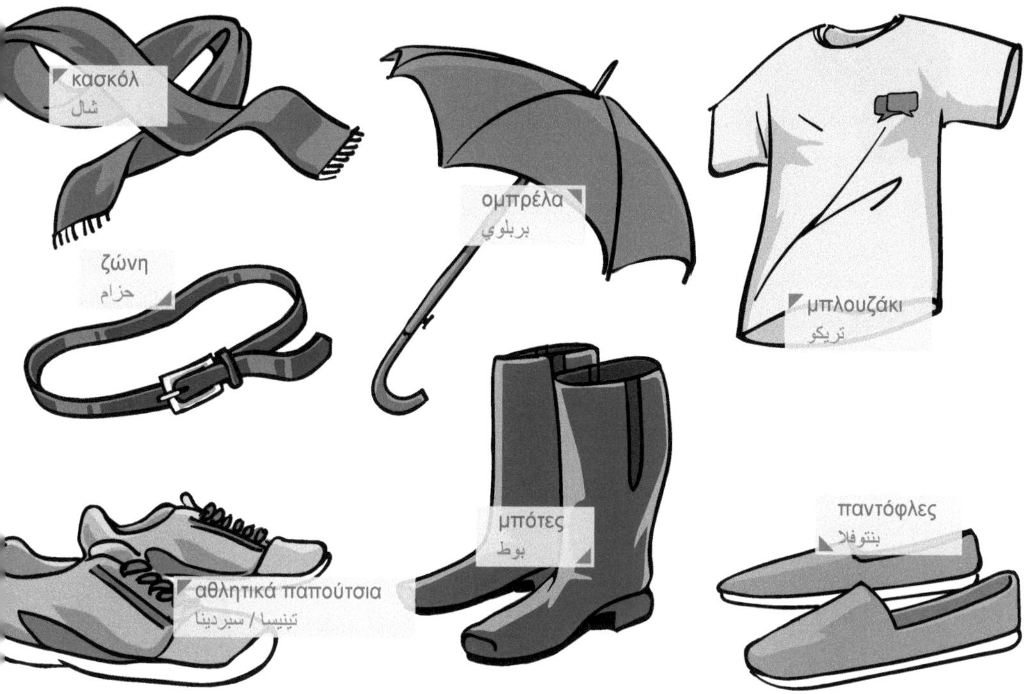

κασκόλ
شال

ομπρέλα
بربلوي

μπλουζάκι
تريكو

ζώνη
حزام

μπότες
بوط

παντόφλες
بنتوفلا

αθλητικά παπούτσια
تينيسا / سبردينا

σανδάλια
صندالة

παπούτσια
صباط

γαλότσες
بوط بلاستيك

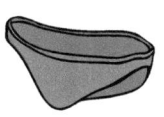

εσώρουχο
كالسون

σουτιέν
سوتيان

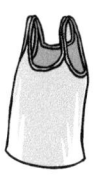

φανέλα
حويج تاع داخل

σώμα

لاسق على الجسم

παντελόνι

سروال

τζιν παντελόνι

جين

φούστα

جيبا

μπλούζα

طابلية

πουκάμισο

قمجة

πουλόβερ

تريكو

πουλόβερ

قارديقون

σακάκι

بلازار

μπουφάν

فيستنا

παλτό

بالطو

αδιάβροχο πανωφόρι

بالطو

κοστούμι

كوستيم

φόρεμα

روبا

νυφικό

روب بلونش

κοστούμι

كوستيم

νυχτικό

شوميز دوني

πιτζάμες

بيجاما

σάρι

ساري

μαντήλι

حجاب

τουρμπάνι

عمامة

μπούρκα

برقع

καφτάνι

قفطان

μουσουλμανικό ένδυμα

عباية

ολόσωμο μαγιό

مايو

ανδρικό μαγιό

سروال تاع عوم

σορτς

شورت

αθλητική φόρμα

لبسة تاع سبور

ποδιά

طابلية

γάντια

ليقونات

κουμπί

قفلة

γυαλιά

نواظر

βραχιόλι

براسلي

περιδέραιο

سنسلة

δαχτυλίδι

خاتم

σκουλαρίκι

منقوش

καπέλο

بوني

κρεμάστρα

سانتر

καπέλο

شابو

γραβάτα

قرافاطة

φερμουάρ

غيمة

κράνος

كاسك

τιράντες

بروتال

μαθητική στολή

اللبة تاع ليكول

στολή

لينيفورم

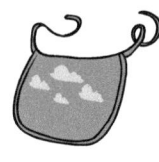

σαλιάρα

ريافة

πιπίλα

سوسات

πάνα

ليكوش

γραφείο

بيرو

σέρβερ
سارفر
αρχειοθήκη
خزانة تاع الملفات
εκτυπωτής
امبريمانت
χαρτί
ورقة
οθόνη
ليكرون
ποντίκι
لاسوري
γραφείο
بيرو
ντοσιέ
كلاسور
πληκτρολόγιο
كلافيي
καλάθι αχρήστων
بوبال
υπολογιστής
اوردیناتور
καρέκλα
كرسي

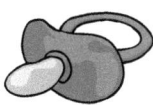

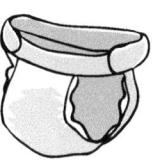

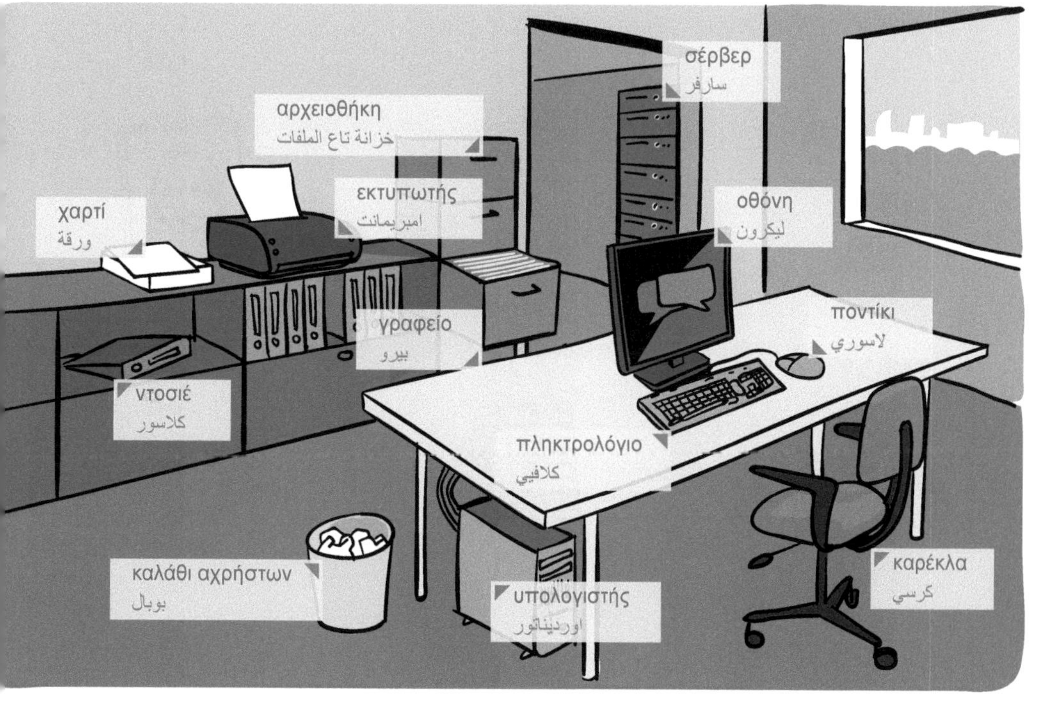

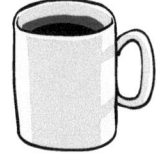

κούπα του καφέ

كاس قهوة

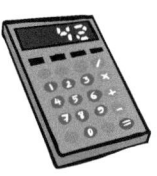

κομπιουτεράκι

كاكولاتريس

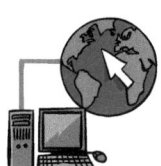

ίντερνετ

لانترنت

λάπτοπ

اوردیناتور

γράμμα

بریة

μήνυμα

میساج

κινητό

بورطابل

δίκτυο

ریزو

φωτοτυπικό μηχάνημα

فوطوکوبي

λογισμικό

لوجسيال

τηλέφωνο

تيلفون

πρίζα

بریزة

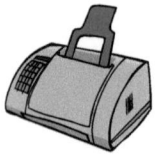

συσκευή φαξ

فاكس

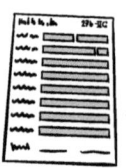

έντυπο

استمارة

έγγραφο

وثيقة

αγοράζω

يشري

πληρώνω

يخلص

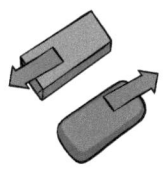

συναλλάσσομαι

يتاجر

χρήματα

دراهم

δολάριο

دولار

ευρώ

اورو

γιεν

ين

ρούβλι

روبل

ελβετικό φράγκυ

فرنك سويسري

ρενμίνμπι γιουάν

يوان

ρουπία

روبية

ATM (αυτόματη ταμειακή μηχανή)

ديسترييبيتّور

ανταλλακτήρια
συναλλάγματος

بيرة تاع الصرف

χρυσός

ذهب

ασήμι

فضة

πετρέλαιο

نفط

ενέργεια

طاقة

τιμή

السومة

συμβόλαιο

عقد

φόρος

طاكس

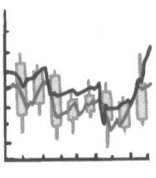

μετοχή

سهم

δουλεύω

يخدم

υπάλληλος

خدام

εργοδότης

مول الشي

εργοστάσιο

وزين

κατάστημα

حانوت

επαγγέλματα
الخدمة

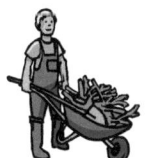

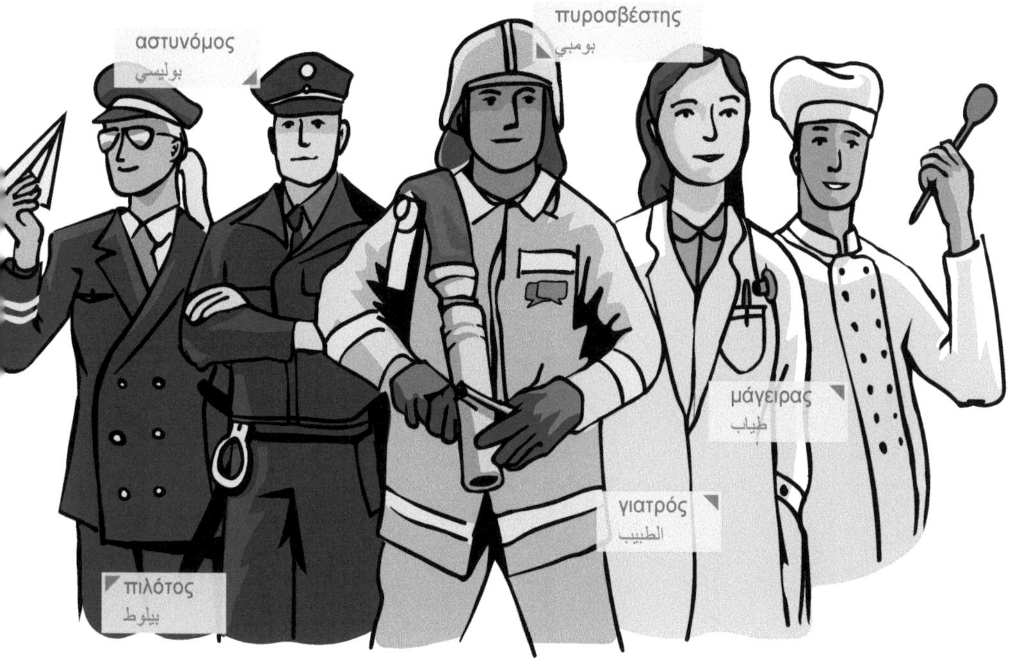

πυροσβέστης
بومبي
αστυνόμος
بوليسي
μάγειρας
طياب
γιατρός
الطبيب
πιλότος
بيلوط

κηπουρός

جرديني

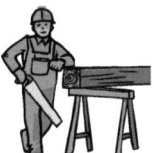

ξυλουργός

نجار

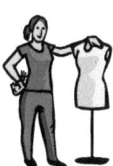

μοδίστρα

خياط

δικαστής

قاضي

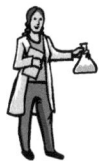

χημικός

شيميك

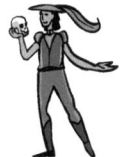

ηθοποιός

ممثل

οδηγός λεωφορείου

شوفير

ταξιτζής

طاكسيور

ψαράς

صياد

καθαρίστρια

خدامة

τεχνίτης στεγών

ماصو تاع الصقف

σερβιτόρος

سارفور

κυνηγός

صياد

ζωγράφος

بنتار

αρτοποιός

خباز

ηλεκτρολόγος

الكتريسيان

οικοδόμος

ماصون

μηχανολόγος

مهندس

κρεοπώλης

بوشي

υδραυλικός

بلومبي

ταχυδρόμος

فاكتور

στρατιώτης

جندي

αρχιτέκτονας

ارشيتكت

ταμίας

كاسسي

ανθοπώλης

بياع اورد

κομμωτής

كوافير

ελεγκτής εισιτηρίων

الكنترول

μηχανικός

ميكانيسيان

καπετάνιος

كابيتان

οδοντίατρος

طبيب سنان

επιστήμονας

عالم

ραβίνος

حاخام

ιμάμης

امام

μοναχός

موان

ιερέας

موان

εργαλεία
ليزوتي

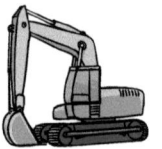

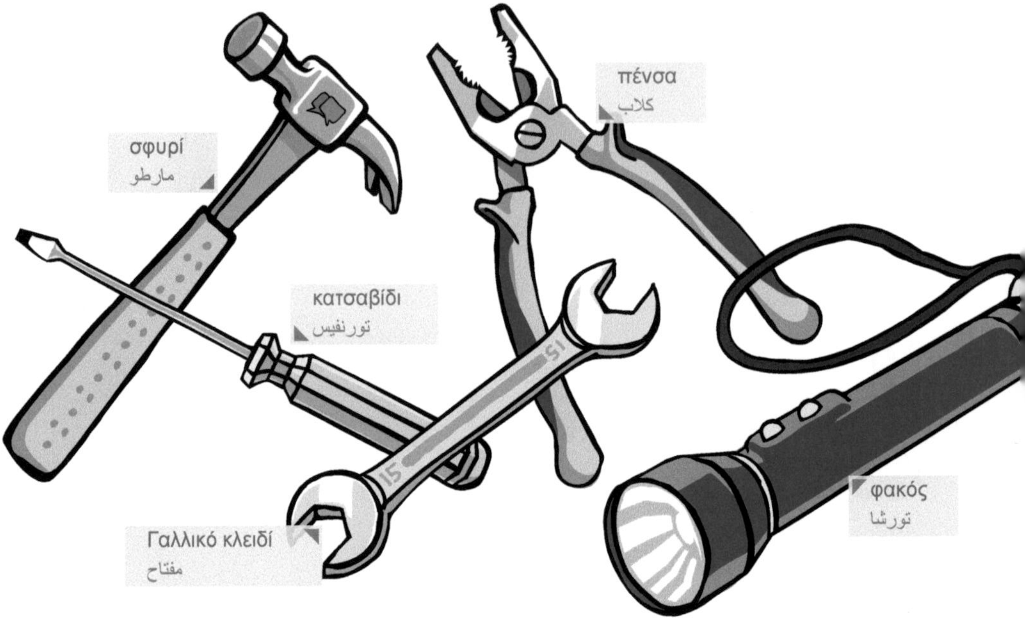
πένσα
كلاب
σφυρί
مارطو
κατσαβίδι
تورنفيس
φακός
تورشا
Γαλλικό κλειδί
مفتاح

εκσκαφέας

جرافة

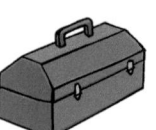

εργαλειοθήκη

قايصة نتاع ليزوتي

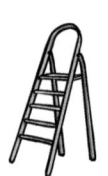

σκάλα

سلوم

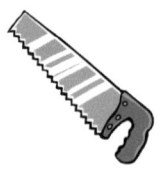

πριόνι

منشار

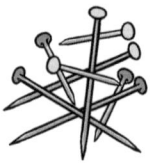

καρφιά

مسامير

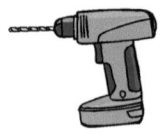

τρυπάνι

برسوز

επισκευάζω

يصنع

φτυάρι

البالة

Να πάρει!

ياويلي

φαράσι

بالا

δοχείο χρωμάτων

بو تاع بنتورة

βίδες

ليفيس

μουσικά όργανα

آلات موسيقية

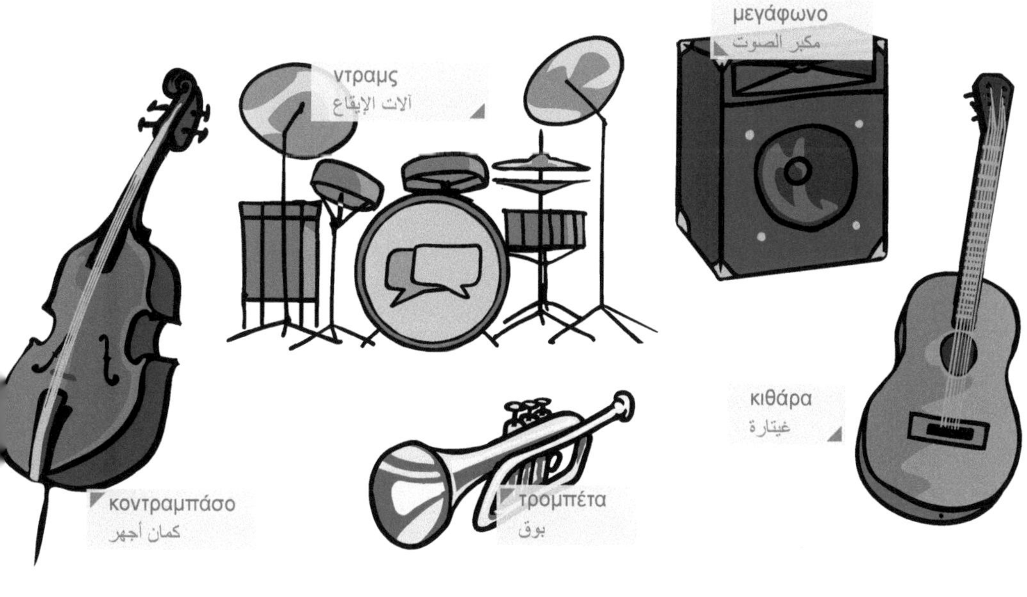

μεγάφωνο
مكبر الصوت

ντραμς
آلات الإيقاع

κιθάρα
غيتارة

κοντραμπάσο
كمان أجهر

τρομπέτα
بوق

πιάνο

بيانو

βιολί

كمنجة

μπάσο

جهير

τύμπανα

طبل كبير

τύμπανο

طبل

πλήκτρα

بيانو كهرباني

σαξόφωνο

ساكسوفون

φλάουτο

ناي

μικρόφωνο

ميكروفون

ζωολογικός κήπος

حديقة حيوانات

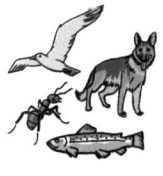

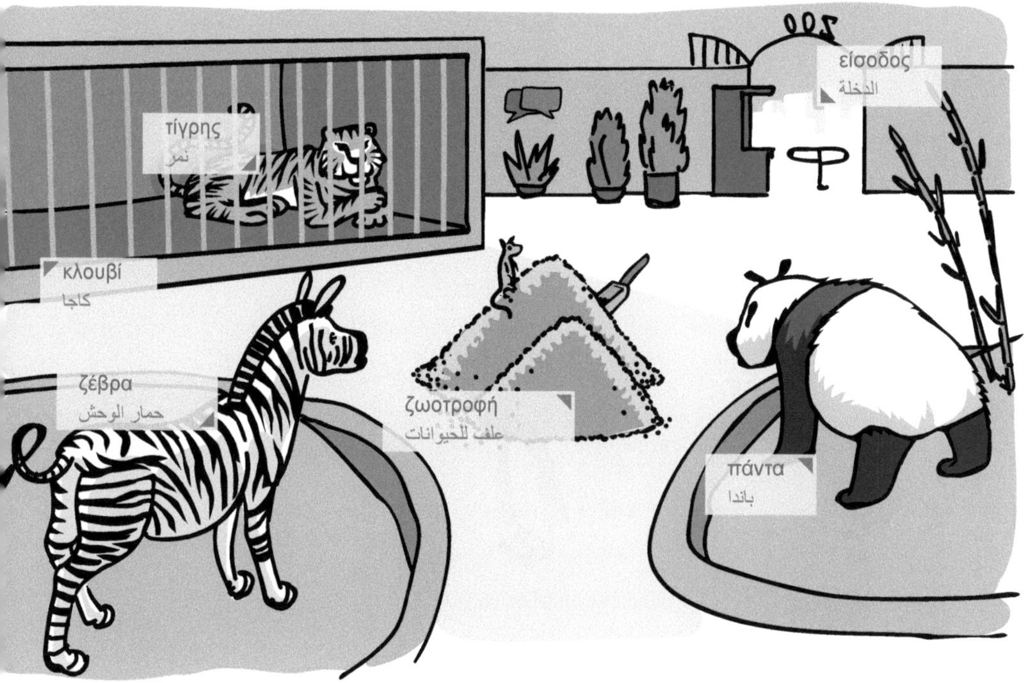

είσοδος
الدخلة
τίγρης
نمر
κλουβί
كاجا
ζέβρα
حمار الوحش
ζωοτροφή
علف للحيوانات
πάντα
باندا

ζώα

حيوانات

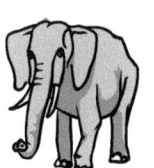

ελέφαντας

فيل

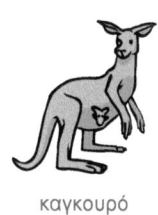

καγκουρό

كنغر

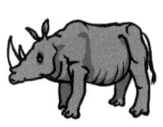

ρινόκερος

وحيد القرن

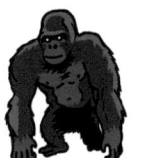

γορίλας

غوريلا

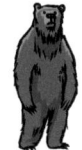

αρκούδα

دب

καμήλα

جمل

στρουθοκάμηλος

نعامة

λιοντάρι

سبع

πίθηκος

نسيط

φλαμίνγκο

فلامينغوز

παπαγάλος

بيروكي

πολική αρκούδα

دب قطبي

πιγκουίνος

بطريق

καρχαρίας

سمك القرش

παγώνι

طاووس

φίδι

لفعة

κροκόδειλος

تمساح

φύλακας ζωολογικού κήπου

عساس في حديقة الحيوان

φώκια

عجل البحر

τζάγκουαρ

نمر أمريكي مرقط

πόνυ

فرس قزم

λεοπάρδαλη

نمر

ιπποπόταμος

فرس النهر

καμηλοπάρδαλη

زرافة

αετός

نسر

αγριογούρουνο

حلوف

ψάρι

حوت

χελώνα

فكرون

θαλάσσιος ίππος

حيوان فظ البحري

αλεπού

ثعلب

γαζέλα

غزال

Αμερικάνικο ποδόσφαιρο
بالون اميريكا

ποδηλασία
الدركبة تاع البيسيكلت

αντισφαίριση
تينيس

μπάσκετ
باسكات

κολύμβηση
العوم

πυγχαμία
بوكس

χôκεϋ επί πάγου
هوكي

ποδόσφαιρο
بالون

μπάντμιντον
الريشة الطائرة

στίβος
اتلاتيزم

χάντμπολ
الهوند

σκι
سكي

πόλο
بولو

δραστηριότητες
نشطات

πηδάω
يقفز
αγκαλιάζω
يعنق
γελάω
يضحك
περπατάω
يمشي
τραγουδάω
يغني
ονειρεύομαι
ينوم
προσεύχομαι
يصلي
φιλάω
يبوس

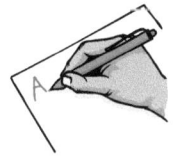

γράφω

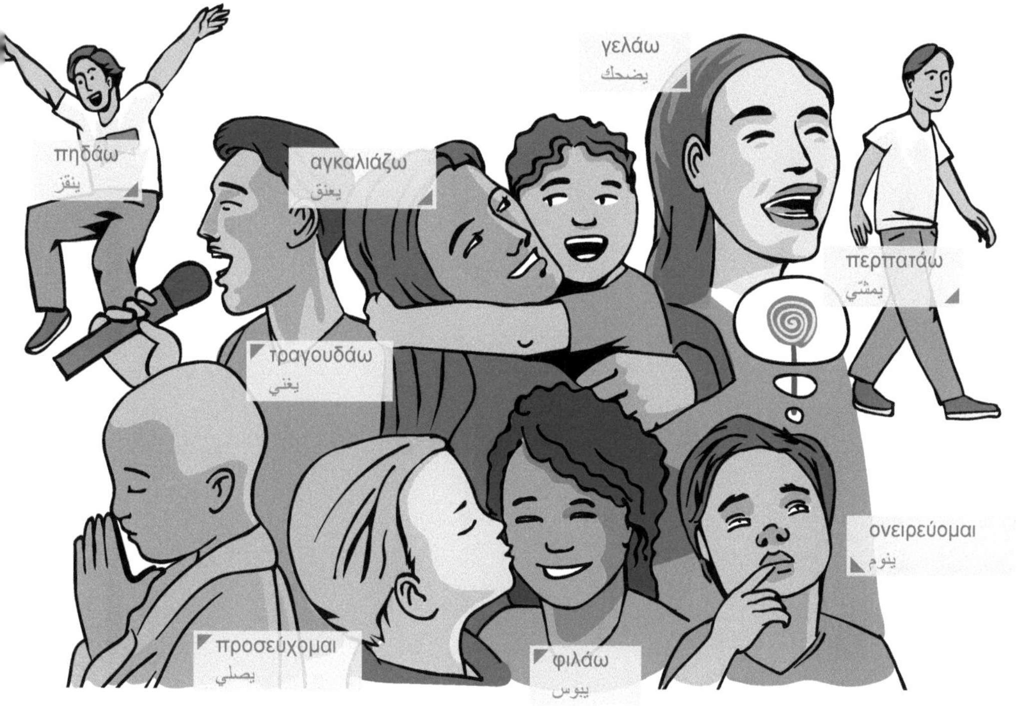

يكتب

σχεδιάζω

يرسم

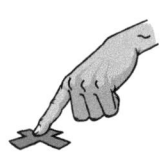

δείχνω

يوري

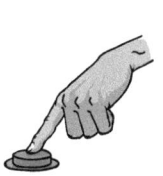

πιέζω

يدمر

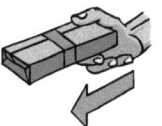

δίνω

يعطي

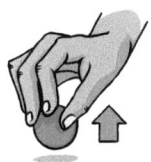

παίρνω

يدي

έχω

يملك

κάνω

يخدم

είμαι

كاين

στέκομαι

يوقف

τρέχω

يجري

τραβάω

يجبد

ρίχνω

يقيس / يرمي

πέφτω

يطيح

ξαπλώνω

يتكسل

περιμένω

يشوف

κουβαλώ

يرفد

κάθομαι

يقعد

φοράω

يلبس

κοιμάμαι

يرقد

ξυπνάω

ينوظ

κοιτάω

يْشوف في

κλαίω

يبكي

χαϊδεύω

يحك

χτενίζω

يمشّط

μιλάω

يهدر

καταλαβαίνω

يفهم

ρωτάω

يسقْسي

ακούω

يسمع

πίνω

يشرب

τρώω

ياكل

συγυρίζω

يخمل

αγαπάω

يبغي

μαγειρεύω

يْطيب

οδηγώ

يصوق

πετάω

يطير

κάνω ιστιοπλοΐα

يبحر بالفلوكة

υπολογίζω

يحسب

διαβάζω

يقرا

μαθαίνω

يتعلم

δουλεύω

يخدم

παντρεύομαι

يتزروج

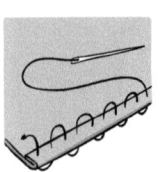

ράβω

يخيط

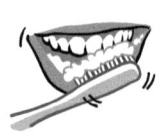

βουρτσίζω τα δόντια

يغسل سنانو

σκοτώνω

يكتل

καπνίζω

يكمي

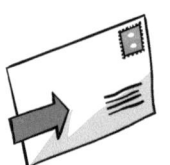

στέλνω

يرسل

γιαγιά
الجدة

παππούς
الجد

πατέρας
الأب

μητέρα
الأم

μωρό
الذري

κόρη
البنت

γιος
الولد

κΑλεσμένος
ضيف

θεία
العمة / الخالة

θείος
العم / الخال

αδελφός
الخو

αδελφή
الخت

σώμα

الجسم

μέτωπο
الجبهة
μάτι
العين
πρόσωπο
الوجه
πιγούνι
اللحية
δάχτυλο
صبع
χέρι
اليد
στήθος
الصدر
βραχίονας
الذراع
ώμος
الكتف
πόδι
الساق

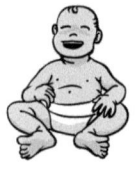

μωρό

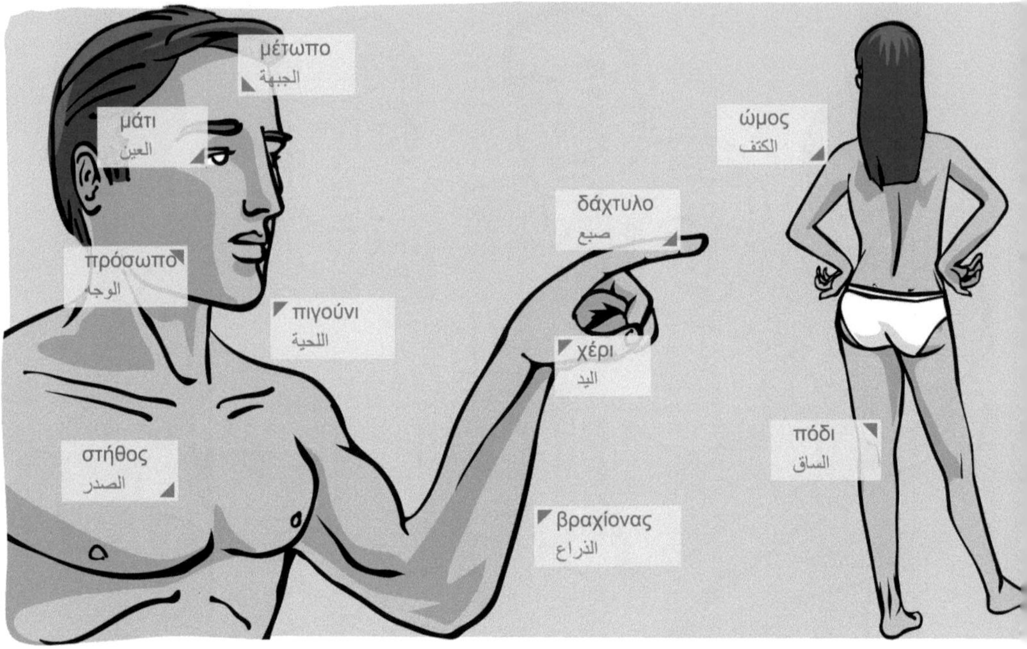

الذري

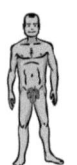

άνδρας

الراجل

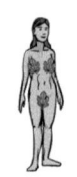

γυναίκα

المرا

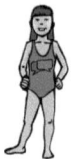

κορίτσι

الشيرة، الطفلة

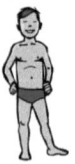

αγόρι

الشير

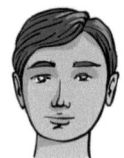

κεφάλι

الراس

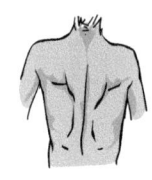

πλάτη

ظهر

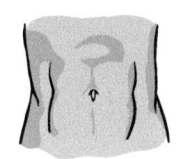

κοιλιά

الكرش

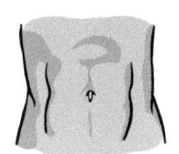

αφαλός

السرة

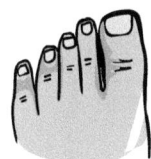

δάχτυλο ποδιού

صبع

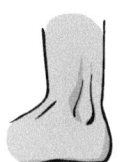

φτέρνα

طالون

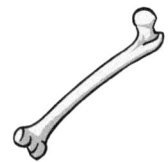

κόκκαλο

العظم

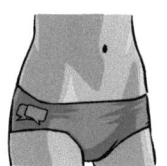

γοφός

المرادف

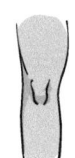

γόνατο

الركبة

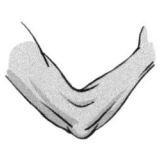

αγκώνας

لمرفغ

μύτη

نيف

γλουτός

مصاصيبط

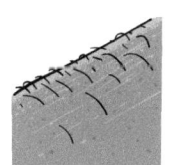

δέρμα

البشرة

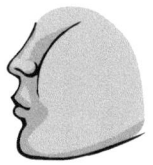

μάγουλο

الحنوك

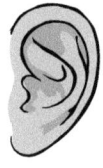

αυτί

لوذن

χείλος

ثورب

στόμα

الفم

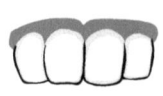

δόντι

السنة

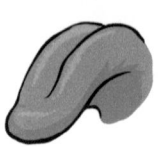

γλώσσα

اللسان

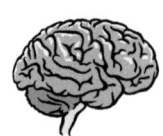

εγκέφαλος

الدماغ

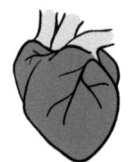

καρδιά

القلب

μυς

العضلة

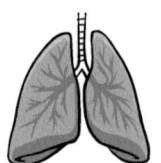

πνεύμονας

الرية

συκώτι

الكبدة

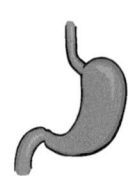

στομάχι

لسطوما

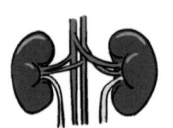

νεφρά

كلوى

σεξουαλική επαφή

رابور

προφυλακτικό

بريزارفتيف

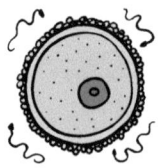

ωάριο

البويضة

σπέρμα

سبرم

εγκυμοσύνη

بلكرش

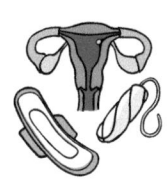

περίοδος

ليراغل

γυναικείος κόλπος

المهبل

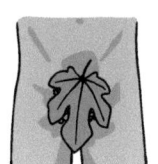

πέος

المذاكر

φρύδι

الحاجب

μαλλιά

الشعر

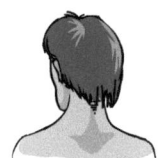

λαιμός

رقبة

νοσοκομείο

سبيطار

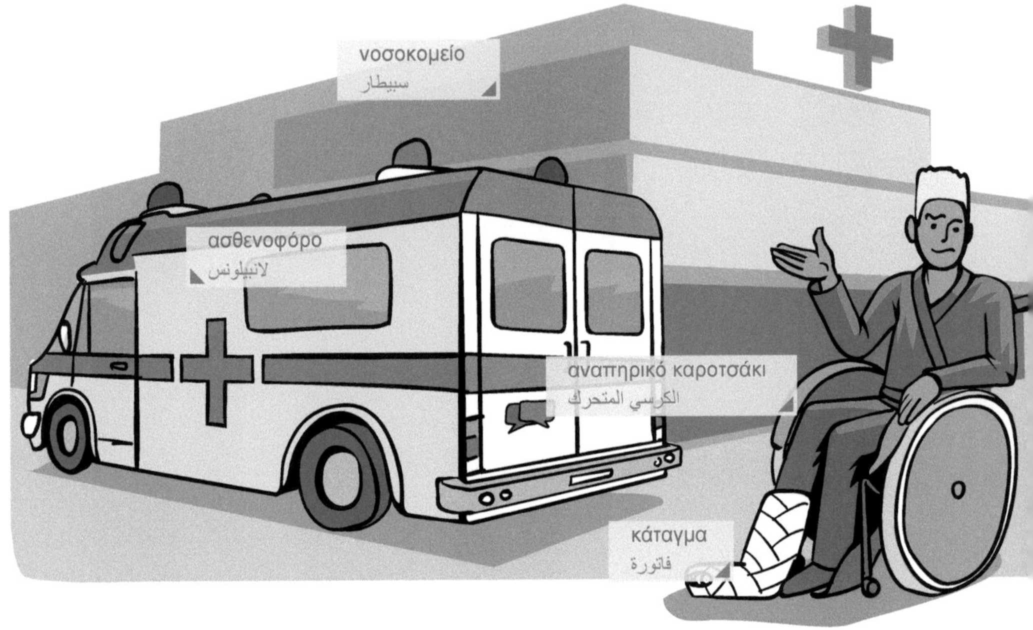

νοσοκομείο
سبيطار
ασθενοφόρο
لانبيلونس
αναπηρικό καροτσάκι
الكرسي المتحرك
κάταγμα
فاتورة

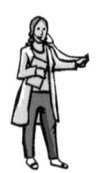

γιατρός

الطبيب

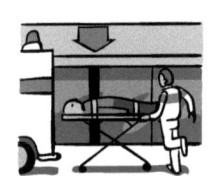

μονάδα εντατικής θεραπείας

ليزيرجونس

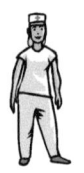

νοσοκόμα

الممرضة

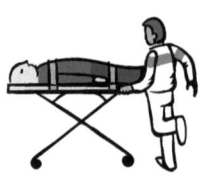

έκτακτη ανάγκη

ليرجونس

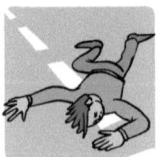

λιπόθυμος

تغاشى

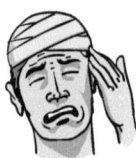

πόνος

الوجع

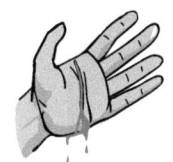

τραύμα

الجرح

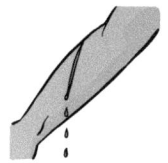

αιμορραγία

يسيل الدم

έμφραγμα

القلب

εγκεφαλικό

لافيسي

αλλεργία

لالرجي

βήχας

الكحة

πυρετός

الحمة

γρίπη

لاقريب

διάρροια

الاسهال

πονοκέφαλος

ميغران

καρκίνος

السرطان

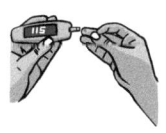

διαβήτης

السكر

χειρουργός

الجراح

νυστέρι

مبضع

εγχείρηση

عملية تاع القلب

αξονική τομογραφία

لاسيتي

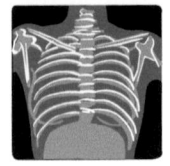

ακτινογραφία

الراديو

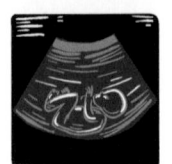

υπέρηχος

لولتخازرون

μάσκα

لماسك

ασθένεια

المرض

αίθουσα αναμονής

وين يقارعو

πατερίτσα

العكاز

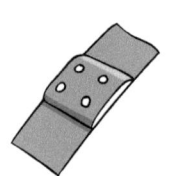

χάνσαπλαστ

سكوتش

επίδεσμος

لبانسما

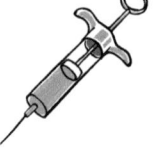

ένεση

لبرة

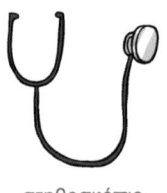

στηθοσκόπιο

السماعة تاع الطبيب

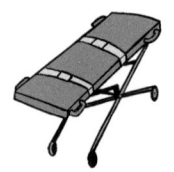

φορείο

نقالة

θερμόμετρο

لوزنو بيه الحمة

γέννηση

زيادة

υπέρβαρο

السمونية

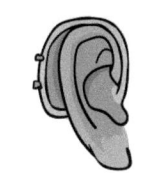

ακουστικό βαρηκοΐας

جهاز السمع

αντισηπτικό

المعقم

λοίμωξη

لنفكسون

ιός

الفيروس

HIV/AIDS

السيدا

φάρμακο

الدوا

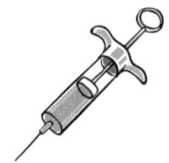

εμβολιασμός

الفاكسان

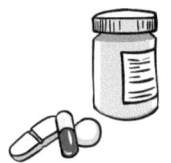

δισκία

الدوا حب

χάπι

بيلولة

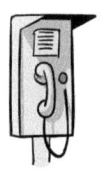

κλήση έκτακτης ανάγκης

يعيط للنجدة

πιεσόμετρο αίματος

الجهاز ليقيسو بيه الدم

άρρωστος / υγιής

مريض / صحيح

συναγερμός

لالارم

βιαιοπραγία

يتعدا

Βοήθεια!

سلكوني

επίθεση

يهجم

κίνδυνος

دونجي

έξοδος κινδύνου

مخرج الطوارئ

Φωτιά!

النار شاعلة

πυροσβεστήρας

لكستانتور

ατύχημα

اكسيدون

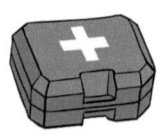

κουτί πρώτων βοηθειών

فيزة تاع الاسعاف الاولي

SOS

سلكونا

αστυνομία

لابوليس

Ευρώπη

أوروبا

Βόρεια Αμερική

أمريكا الشمالية

Νότια Αμερική

أمريكا الجنوبية

Αφρική

أفريقيا

Ασία

آسيا

Αυστραλία

أستراليا

Ατλαντικός Ωκεανός

المحيط الأطلسي

Ειρηνικός Ωκεανός

المحيط الهادي

Ινδικός Ωκεανός

المحيط الهندي

Ανταρκτικός Ωκεανός

المحيط المتجمد الجنوبي

Αρκτικός Ωκεανός

المحيط المتجمد الشمالي

Βόρειος Πόλος

القطب الشمالي

Νότιος Πόλος

القطب الجنوبي

Ανταρκτική

منطقة القطب الجنوبي

Γη

أرض

γη

بلاد

θάλασσα

بحر

νησί

جزيرة

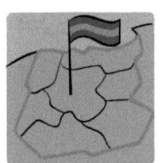

έθνος

امة

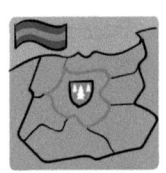

πολιτεία

دولة

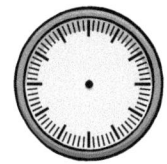

κανταράν ρολογιού

ميناء الساعة

ωροδείκτης

عقرب الساعات

λεπτοδείκτης

عقرب الدقائق

δείκτης δευτερολέπτων

عقرب الثواني

Τι ώρα είναι;

شعال راها الساعة؟

ημέρα

يوم

χρόνος

زمن

τώρα

دروك

ψηφιακό ρολόι

ساعة رقمية

λεπτό

دقيقة

ώρα

ساعة

εβδομάδα
سيمانة

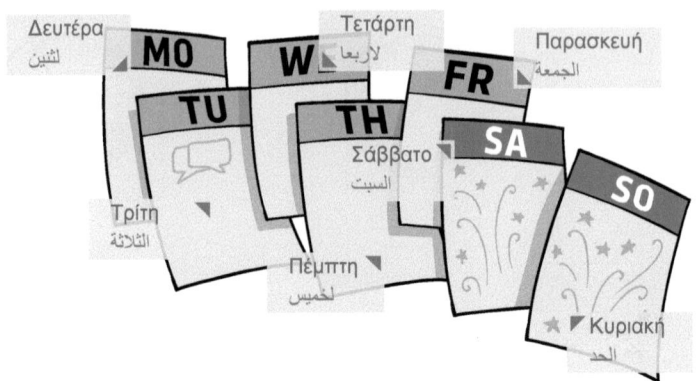

Δευτέρα / لثنين — MO
Τετάρτη / لاربعا — W
Παρασκευή / الجمعة — FR
TU
Τρίτη / الثلاثة — TU
TH
Σάββατο / السبت — SA
Πέμπτη / لخميس — TH
SO
Κυριακή / الحد

χθες

لبارح

σήμερα

اليوم

αύριο

غدوا

πρωί

صباح

μεσημέρι

القايلة

βράδυ

العشية

MO	TU	WE	TH	FR	SA	SU
1	2	3	4	5	6	7
8	9	10	11	12	13	14
15	16	17	18	19	20	21
22	23	24	25	26	27	28
29	30	31	1	2	3	4

εργάσιμες ημέρες

يامات الخدمة

MO	TU	WE	TH	FR	SA	SU
1	2	3	4	5	6	7
8	9	10	11	12	13	14
15	16	17	18	19	20	21
22	23	24	25	26	27	28
29	30	31	1	2	3	4

Σαββατοκύριακο

ويكاند

έτος
العام

βροχή
النو
ουράνιο τόξο
قوس قزح
χιόνι
ثلج
άνεμος
الريح
άνοιξη
الربيع
φθινόπωρο
الخريف
καλοκαίρι
الصيف
χειμώνας
الشتا

4.APRIL 11°
5.APRIL 4°
6.APRIL 13°
7.APRIL 8°
8.APRIL 10°

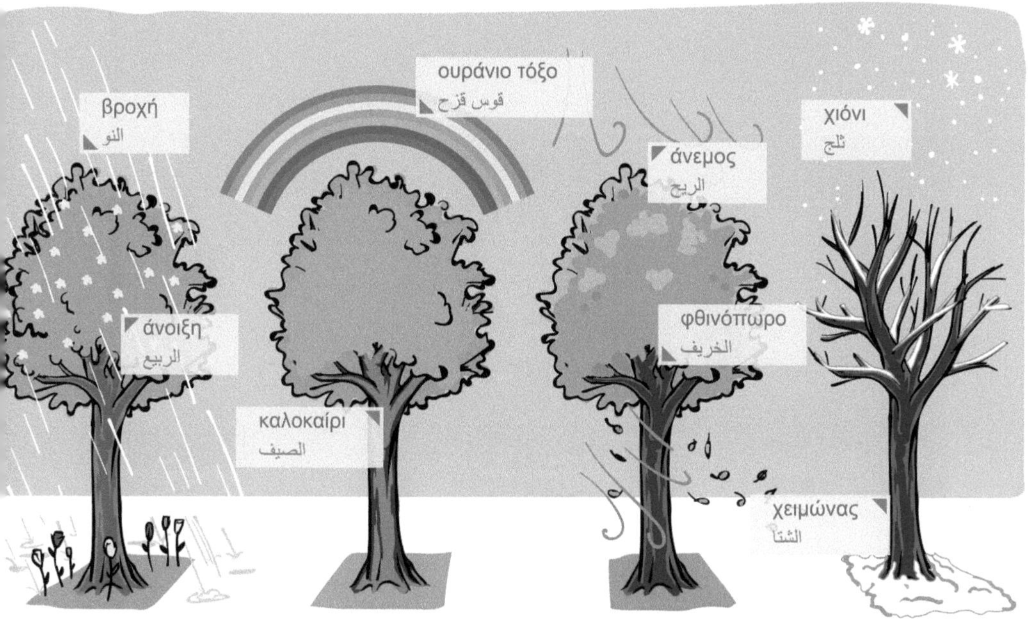

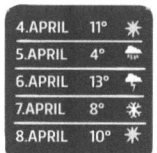

πρόγνωση καιρού

يتنبأ بالحال

F
C
120
90
60
30
0
-30
40
30
20
10
0
-10
-20

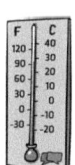

θερμόμετρο

مقياس حرارة

λιακάδα

ضوء الشمس

σύννεφο

سحابة

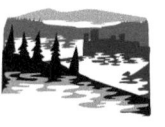

ομίχλη

ضباب

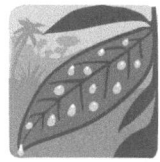

υγρασία

ميديتي

αστραπή

برق

κεραυνός

رعد

καταιγίδα

عاصفة

χαλάζι

بَرَد

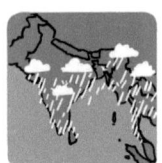

μουσώνας

ريح

πλημμύρα

طوفان

πάγος

جليد

Ιανουάριος

جانفي

Φεβρουάριος

فيفري

Μάρτιος

مارس

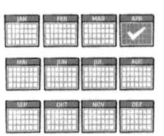

Απρίλιος

افريل

Μάιος

ماي

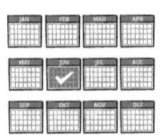

Ιούνιος

جوان

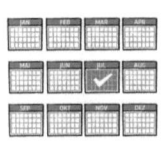

Ιούλιος

جويلية

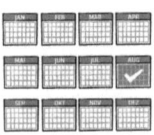

Αύγουστος

اوت

العام - έτος

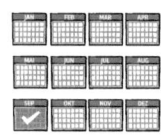

Σεπτέμβριος

سبتمبر

Οκτώβριος

اكتوبر

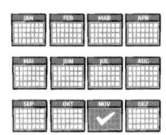

Νοέμβριος

نوفمبر

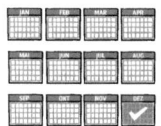

Δεκέμβριος

ديسمبر

κύκλος

دويرة

τετράγωνο

مربع

ορθογώνιο παραλληλόγραμμο

مستطيل

τρίγωνο

مثلث

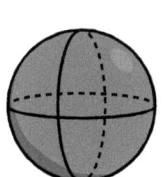

σφαίρα

كويرة

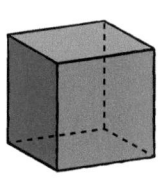

κύβος

مكعب

άσπρο

بيض

κίτρινο

صفر

πορτοκαλί

نُشيني

ροζ

روز

κόκκινο

حمر

μωβ

حلحالي

μπλε

زرق

πράσινο

خضر

καφέ

قهوي

γκρι

قري

μαύρο

كحل

πολύ / λίγο

بزاف / شوية

θυμωμένος / ήρεμος

زعفان / مكالمي

όμορφος / άσχημος

شباب / مشي شباب

αρχή / τέλος

البدية / التالي

μεγάλος / μικρός

كبير / صغير

φωτεινός / σκοτεινός

فاتح / فونسي

αδελφός / αδελφή

خو / خت

καθαρός / λερωμένος

نقي / موسخ

πλήρης / ατελής

كامل / ناقص

ημέρα / νύχτα

نهار / اليل

νεκρός / ζωντανός

ميت / حي

φαρδύς / στενός

عريض / ضيق

βρώσιμος / μη βρώσιμος

يقدر ياكلوه / ميقدروش ياكلوه

κακός / ευγενικός

شرير / ناس ملاح

ενθουσιασμένος / βαριεστημένος

يثير / يمل

παχύς / λεπτός

سمين / رقيق

πρώτος / τελευταίος

الأولى / التالية

φίλος / εχθρός

الصاحب / لعدو

γεμάτος / άδειος

معمر / فارغ

σκληρός / μαλακός

قاصح / سوبل

βαρύς / ελαφρύς

ثقيل / خفيف

πείνα / δίψα

جوع / عطش

άρρωστος / υγιής

مريض / صحيح

παράνομος / νόμιμος

غير شرعي / شرعي

έξυπνος / χαζός

ذكي / مبوقل

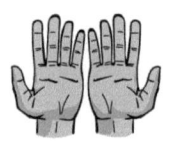

αριστερός / δεξιός

يسار / يمين

κοντινός / μακρινός

قريب / بعيد

καινούριος /
μεταχειρισμένος
....
جديد / مستعمل

τίποτα / κάτι
....
مكانش / شوية

γέρος | νέος
....
شيباني / شاب

αναμμένος / σβηστός
....
يشعل / يطفئ

ανοιχτός / κλειστός
....
محلول / مبلع

χαμηλόφωνος /
μεγαλόφωνος
بشوية / بلفور

πλούσιος / φτωχός
....
مرفح / زوالي

σωστός / λανθασμένος
....
نيشان / خاطيء

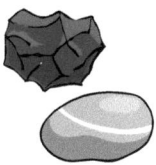

τραχύς / λείος
....
حرش / رطب

λυπημένος / χαρούμενος
....
زعفان / فرحان

κοντός / μακρύς
....
قصير / طويل

αργός / γρήγορος
....
بشوية / بلخف

υγρός / στεγνός
....
مثمخ / ناشف

ζεστός / δροσερός
....
حامي / بارد

πόλεμος / ειρήνη
....
القيرة / لامان

0	**1**	**2**
μηδέν	ένα	δύο
صفر	واحد	زوج
3	**4**	**5**
τρία	τέσσερα	πέντε
ثلاثة	ربعة	خمسة
6	**7**	**8**
έξι	εφτά	οκτώ
ستة	سبعة	ثمانية
9	**10**	**11**
εννιά	δέκα	έντεκα
تسعة	عشرة	حداعش

12
δώδεκα
ثناعش

13
δεκατρία
تلطاعش

14
δεκατέσσερα
رباطاعش

15
δεκαπέντε
خمسطاعش

16
δεκαέξι
سطاعش

17
δεκαεφτά
سبعطتعش

18
δεκαοκτώ
ثمنطاعش

19
δεκαεννέα
تساعطاش

20
είκοσι
عشرون

100
εκατό
مية

1.000
χίλια
ألف

1.000.000
εκατομμύριο
مليون

Αγγλικά

انقلي

Αμερικάνικα Αγγλικά

انغلي تاع مريكان

Μανδαρίνικα Κινέζικα

لغة الشنوية

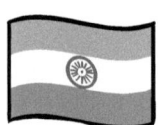

Χίντι

الهندية

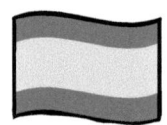

Ισπανικά

سبنيولية

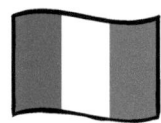

Γαλλικά

الفرونسي

Αραβικά

العربية

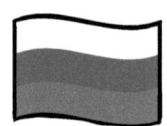

Ρώσικα

الروسية

Πορτογαλικά

البوتغالية

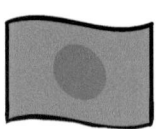

Μπενγκάλι

البنغالية

Γερμανικά

لالمنية

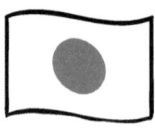

Ιαπωνικά

الجابونية

εγώ

انا

εσύ

نتا

αυτός / αυτή / αυτό

هو

εμείς

حنايا

εσείς

نتوما

αυτοί / αυτές / αυτά

هوما

ποιος / ποια / ποιο;

شكون

τι;

واش

πώς;

كيفاش

πού;

وين

πότε;

وقتاش

όνομα

الاسم

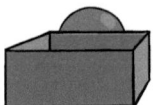

πίσω

مرول

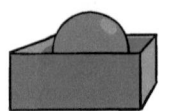

μέσα

في

μπροστά

قدام

πάνω από

فوق

πάνω

على

κάτω

تحت

δίπλα

حدا

ανάμεσα

بين

μέρος

بلاصة